古典文獻研究輯刊

十 編

潘美月・杜潔祥 主編

第 17 冊

王靜安先生生平及其學術（上）

陳 光 憲 著

國家圖書館出版品預行編目資料

王靜安先生生平及其學術（上）／陳光憲 著 — 初版 — 台北
縣永和市：花木蘭文化出版社，2010〔民99〕
序 4+ 目 4+154 面；19×26 公分
（古典文獻研究輯刊 十編；第 17 冊）
ISBN：978-986-254-155-5（精裝）
1. 王國維 2. 傳記 3. 學術思想 4. 治學方法
782.884   99001921

ISBN - 978-986-254-155-5

9 789862 541555

古典文獻研究輯刊
十 編 第十七冊   ISBN：978-986-254-155-5

王靜安先生生平及其學術（上）

作　　者　陳光憲
主　　編　潘美月　杜潔祥
總 編 輯　杜潔祥
企劃出版　北京大學文化資源研究中心
出　　版　花木蘭文化出版社
發 行 所　花木蘭文化出版社
發 行 人　高小娟
聯絡地址　台北縣永和市中正路五九五號七樓之三
　　　　　電話：02-2923-1455／傳眞：02-2923-1452
網　　址　http://www.huamulan.tw 信箱 sut81518@ms59.hinet.net
印　　刷　普羅文化出版廣告事業
初　　版　2010 年 3 月
定　　價　十編 20 冊（精裝）新台幣 31,000 元
版權所有・請勿翻印

王靜安先生生平及其學術（上）

陳光憲　著

作者簡介

　　陳光憲博士，1942 年生於台北市。台北市立教育大學博碩士生指導教授、專任德明財經科技大學講座教授，兼任文官培訓所專題講座教授。

　　曾任教育大學應用語言文學研究所所長、副校長、德明科技大學前校長、人間福報專欄寫作，1998 年榮獲教育學術貢獻木鐸獎。

　　主要著作有《范仲淹文學與北宋詩文革新》、《實用華語文閱讀寫作教學》、《神采飛揚》、《戰勝自己》、《絕無盲點》，編著《生活禮儀》、《現代孝經倫理》及有聲光碟《鄉土語言數位教學》、《盛唐三家詩的饗宴》、《唐詩宋詞的饗宴》等。

提　　要

　　海寧王靜安先生，一代大儒也。生平無論治甲骨、金文、文字、聲韻、訓詁、史地學、敦煌學、戲曲學、均能深造自得，詩、詞、駢、散文亦靡不精工。

　　先生治學，凡經數變，早年醉心西洋哲學，尤喜叔本華、康德之說；繼而治詩詞、小說，有《人間詞話》、《苕華詞》、〈紅樓夢評論〉之撰著；中年轉攻小學以及甲骨金文之學，創以古文字研究古史，發明甲骨綴合之法，用以考證殷商制度，創或至多，終至蜚聲中外；晚年專研西北史地，於蒙古史料、遼金邊陲史地，有突破性之發現。

　　本書之撰著，旨在綜論先生之學術，俾後之學者知其為學之方法，效其治學之精勤，進而繼先生未竟之志，以光大我中華之學術。

　　本書之撰計分十二章，首章緒論敘先生之治學及其學術貢獻，第二章述其生平、交遊及其自沉，第三章至十一章申其志事，述其絕學，論述先生甲骨金文之學、文字聲韻之學、古史學、西北史地學、敦煌學，而以先生之文學殿之。

　　本書撰寫期間，為求客觀嚴謹，曾拜訪先生次女王東明女士於台北永和，據以撰寫先生年表，用以補正趙萬里、姚名達二氏撰著年譜、年表漏列先生五子慈明之缺憾，書後並附有王東明女士所撰〈先父王國維自沉前後〉，以供讀者參閱。

目

次

自　序

　　海寧王靜安先生，一代大儒也。生平無論治甲骨、金石、文字、聲韻、訓詁、史學、西北地理學、敦煌學，均能深造自得，詩、詞、駢、散文亦靡不精工。

　　先生一生，自少至老，惟樂與書冊為伍，不營生計，不攀權貴，不慕榮華，於短暫五十載歲月之間，學術著作達六十餘種，親手批校之書近二百種，著述之多，創見之富，貢獻之鉅，衡之近代，誠無出乎其右者。

　　先生之學凡經數變，早歲醉心西洋哲學，尤喜叔本華、康德之說；繼而治詩詞小說，有《人間詞話》、〈紅樓夢評論〉之撰著；中年轉攻小學以及甲骨、金石，創以古文字研究古史，發明甲骨綴合之法，並用以考證殷商制度，創獲尤多，終至斐聲中外；晚年專研西北史地，於蒙古史料，遼金邊陲史地，尤有突破性之發現。

　　先生治學精勤，方法縝密，文辭精潔，識見高超，吳其昌氏譽之為文學革命之先驅，誠非溢美。其《人間詞話》，為文學批評之上品；其《苕華詞》，寫景必豁人耳目，言情必沁人心脾，有清真之緜密，而去其纖逸；有稼軒、後村之宏麗，而去其率直，世多喜之。其史學、考古學，則鴻博精深，較之清代學者，可與顧亭林、王船山、章實齋、汪容甫並駕齊驅；其《宋元戲曲史》，蓋綜論生平論曲之旨，而集其大成者，戲曲之所以成專門之學，先生當為不祧之祖矣。

　　余平生喜讀先生之書，私淑其人，常思有以介紹先生之學術思想，俾後之學者，知其為學之方法，效其治學之精勤，進而繼先生未竟之志業，以光大我中華之學術。近數年來，海內外學者爭相研究靜安先生之文學，並探討

其自沈之眞相，而於綜論先生之生平及其學術者，概不多覯，遂不揣淺陋，奮其駑筆，以探究先生之學術成就。茲將本論文之體例迻錄如次：

本文之撰，計分十二章，首章緒論，敘先生之治學次第、方法及其貢獻，以明其治學之途徑，示後來者治學以南針。第二章述其生平、交遊及其自沈情形。第三章至十一章，發微闡幽，申其志事，述其絕學，如先生之甲骨學、金石學、文字學、聲韻學、訓詁學，以及先生之考古學、西北史地學、敦煌學，而以先生之文學殿之。第十二章結論，探究先生治學成功之原因及其重要貢獻，以表彰先生之學術成就。

先生自沈原因，眾說紛紜，近數年來，如楊牧、楊君實、衛聚賢、葉嘉瑩諸家均有所論，然是非猶未能定。余既述先生之生平，乃兼述先生自沈之經過，探究其自沈原因。余以爲先生憫人悲世之心，實爲其自沈之因。清光緒二十九年癸卯，先生年未及三十，其所作〈書古書中故紙〉詩中，借故紙以喻人生，「書成付與爐中火，了卻人間是與非」，已隱然有厭世之意。至於先生與羅振玉氏之間，是否有金錢逼迫之事，先生次女王東明女士曾有說明，茲隨文附錄於末，以爲參考。

先生自沈後，其門人趙萬里有《王靜安先生年譜》之撰著，姚名達有《王靜安先生年表》之作。然二君所纂，皆未若晚近王德毅先生所著《王國維年譜》之詳贍。余亦有年表之撰，年表雖簡，蓋知人論世，往哲是尚，惟以本文在表彰先生之學術成就，故詳此略彼，難可兩全也。

先生有子女十一人，五子慈明（1915 年 5 月出生，今住四川成都）爲趙、王二譜所漏列，余遍求海內外諸家之作，皆付闕如，幸蒙好友曾瑞慶兄告知王東明女士住所，獲其接見，相談甚歡，得知先生五子生年及名字，並據以補入余所撰之年表中。

先生石鼓文韻讀之作，因鼓文漫漶不清，辨認不易，凡先生有誤奪、誤衍者，均依石鼓文拓本，並參酌張光遠先生之《石鼓文摹本》酌予更正。

本文之末附載圖九幀，有先生遺像、生活照片、跋文遺墨、論學書札、石鼓拓片、敦煌寫本，並及先生自沈昆明湖位置圖，雖吉光片羽，皆彌足珍貴。

本文附錄有靜安先生〈論五聲說書札〉、王東明女士〈先父王公國維自沉前後〉及余所撰年表，以便讀者參閱。

凡引用參考書，文中例多列出，然亦有因行文之便，而未經註明出處者，

尚祈鑒諒。〈主要參考書目〉，除靜安先生著作彙列於前外，其他均按照經史子集順序編排。期能展卷之時，有朗若列眉之感。

先生學識淵博，幾無涯岸，其在甲骨、金石、文字、史地、敦煌等諸方面之成就，均分別囿列區分，一一闡述。至其駁雜零碎，或不值整理之作，則略而弗論，謹此附及。

余既有志論述先生之志業，然仰瞻先生風儀，頗有鑽之彌堅，瞻之在前，忽焉在後之嘆。幸蒙本師王更生博士之誘掖，始略窺其學術之奧妙，而於此所述，實又不逮先生成就於萬一，倘蒙海內外博雅不吝指正，欣何如之。

又本文寫作資料之蒐輯，除個人奔走於書肆、公私藏書機構，檢閱、購置或影印外，復蒙好友竺家寧、鄭阿財、朱鳳玉、汪中文等四位博士，及張翠寶、留日學者袁紹宗等二位碩士之多方協助，謹此致謝。

陳光憲謹識於台北

第一章　緒　論
——王靜安先生之治學及貢獻

第一節　王靜安先生之治學次第

　　浙江海寧王靜安先生，一代之奇才也，其一生五十寒暑之中，學術著作達六十餘種，經其親手校批之書籍，近兩百種，著作之豐，新得之富，近三百年來，未有出其右者也。

　　先生治學精勤，所往來師友皆當代之名儒，其所遭逢之時代，又為新學問發現之時代，吾人從先生治學之次第中，當可明瞭先生治學之歷程及其學術與時代之關係。

　　綜觀先生之治學次第，約可分為五期。二十二歲以前，居海寧本籍，治舉子業，兼習駢散文，為第一期。二十二歲以後，旅居上海，就讀於羅振玉所創辦之東文學社，習日文、德文，醉心於西洋哲學之研究，為第二期。三十歲以後，疲於哲學，轉治文學，有《人間詞話》之撰著，及戲曲學之研究專著，是為第三期。三十五歲以後，盡棄前學，專治經史小學，此後十年間，先生從事甲骨、金文、漢晉木簡、殷商古史之研究，為先生著述最勤最豐之時期，是為第四期。四十七歲以後，先生奉溥儀之召，自上海之北京，負整理清宮藏器、書籍之責，後二年，又任教於清華國學研究院，授《古史新證》、《尚書》、《說文》等課程。先生入京以後，其學又一大變，轉而專治西北史地，此為先生治學之第五期。

一、治舉子業兼治駢散文之時期

先生二十二歲以前，居海寧本籍，治舉子業，好讀史書，兼治駢文散文。七歲就外傅於鄰近私塾潘綏昌處。十一歲，從同邑庠生陳壽田受業。晚自塾歸，父乃譽公又親授駢散文、詩詞，皆能背誦，家中有書五、六簏，除十三經注疏爲兒時所不喜外，其餘諸書，於課餘之暇，每加泛覽，故雖在兒時，已有良好之國學基礎。十六歲入州學，見友人讀《漢書》而悅之，乃以幼時所儲存之錢，購四史於杭州。先生入州學，與同郡陳守謙、葉宜春、褚嘉猷三君過從甚密，上下議論，里人稱爲海寧四才子。十八歲、二十一歲，以天性不喜帖括之文，兩應鄉舉，皆不中程。後見康梁疏論，大爲折服，始知世有新學，思有以自試，遂棄帖括而不爲，絕舉子業而不就，此爲先生治學之第一期。

二、醉心於西洋哲學研究之時期

二十二歲以後，先生旅居上海、武昌、蘇州、通州。初抵上海，任職於汪康年所主辦之《時務報》。是年二月，適羅振玉以私貲設東文學社於新馬路之梅福里，用以培育翻譯人材，三月一日開學，先生請於時務報館主汪康年，日以午後三小時往學，遂從日人藤田豐八習日文與科學，從田岡佐代治習英文。藤田、田岡二君皆治哲學，自是先生醉心於西洋哲學之研究，尤酷嗜汗德、叔本華、尼采之書。其〈三十自序〉云：

> 二十二歲正月，始至上海，主時務報館，任書記校讎之役。二月，而上虞羅君振玉等私立之東文學社成，請於館主汪君康年，日以午後三小時往學焉，汪君許之。……是時社中教師爲日本文學士藤田豐八，田岡佐代治，二君故治哲學，余一日見田岡君之文集中，有引汗德、叔本華之哲學者，心甚喜之，……體素羸弱，性復憂鬱，人生之問題，日往復於吾前，自是始決從事於哲學，而此時爲余讀書之指導者，亦即藤田君也。次歲春，始讀翻爾彭之《社會學》，及器文之《名學》，海甫定《心理學》之半，而所購哲學之書亦至，於是暫輟《心理學》而讀巴爾善之《哲學概論》，文特爾彭之《哲學史》。當時之讀此等書，固與前日之讀英文讀本之道無異，幸而已得讀日文，則與日文此類書參照而觀之，遂得通其大略。既卒讀《哲學概論》，《哲學史》，次年始讀汗德之《純理批評》，至〈先天分析論〉，

幾全不可解，更輟不讀，而讀叔本華之《意志及表象之世界》一書。
叔氏之書，思精而筆銳，是歲前後讀二過，次及於其《充足理由之
原則論》、《自然中之意志論》及其文集等，尤以其《意志及表象之
世界》中〈汗德哲學之批評〉一篇，為通汗德哲學關鍵。至二十九
歲，更返而讀汗德之書，則非復前日之窒礙矣。嗣是于汗德之《純
理批評》外，兼及其倫理學及美學，至今從事第四次之研究，則窒
礙更少，而覺其窒礙之處，大抵其說之不可持處而已。此則當日志
學之初，所不及料，而在今日亦得以自慰藉者也。

〈靜安文集自序〉：

余之研究哲學，始於辛壬之間（1901、2），癸卯（1903）春，始讀
汗德之《純理批評》，苦於不可解，讀幾半而輟，嗣讀叔本華之書而
大好。自癸卯之夏以至甲辰（1904）之春，皆與叔本華之書為伴侶
之時代也。

先生雖好叔本華哲學，但非盲目之崇拜，而是深入理解，作裁判式之評斷，
並提出絕大之懷疑。先生曰：

其尤所愜心者，則在叔本華之知識論……然於其人生哲學，觀其觀
察之精銳與識論之犀利，亦未嘗不心怡神釋也。後漸覺其有矛盾之
處，去夏（光緒三十年）所作〈紅樓夢評論〉，其立論雖全在叔氏之
立腳地，然於第四章內已提出絕大之疑問，旋悟叔氏之說，多半出
於其主觀的氣質，而無關於客觀的知識，此意于〈叔本華及尼采〉
一文中始暢發之。

二十八歲，撰〈紅樓夢評論〉一篇，此先生第一篇文學批評專著，其立腳點即
在叔本華哲學，以現代哲學、美學、心理學、倫理學之觀點，予我國此一名著
以深刻之批判。先生於治西洋哲學外，又喜談文學與教育，所為文甚多，發表
於羅振玉所創辦之《教育世界雜誌》，惜未全部收入《靜安文集》。先生致力於
文學研究為時雖不長，但其見解卻為五四新文學運動鋪下平坦之道路，吳文祺
曾譽先生為文學革命之先驅者。先生素主教育，所發表之論教育文章頗具卓見，
論教育之宗旨，以為教育之功能，乃在於教化人民成為完全之人物，此一完全
人物必求精神與身體之調和發達，而精神之中，又包含知力、感情、意志三者
之均衡發展，以臻真善美之理想。其〈論教育之宗旨〉一文有云：「真者知力之
理想，美者感情之理想，善者意志之理想。」附表如下：

此一完備之教育主張，爲我國古來許多教育家所未曾道及。又先生所擬大學各科必授之課程，皆有外國文、哲學概論、社會學、教育學，至今猶爲大學文學院各系所共同必修之科目，先生於現代教育之認識，實是高出儕輩。其後亦治詩詞，於詞尤自負，有《人間詞甲乙稿》之刊行，自謂雖作詞尚未及百闋，然自南宋以來，尚未有能及者。此爲先生治學之第二期。

三、倦於哲學轉治文學之時期

先生三十歲以後，倦於哲學而轉治文學，自述轉變之因由曰：

> 余之疲於哲學有日矣，哲學上之說，大都可愛者不可信，可信者不可愛！余知眞理，而余又愛其謬誤，偉大之形而上學，高嚴之倫理學與純粹之實學，此吾所酷嗜也，然求其可信者，則寧在知識論上之實證論，倫理學上之快樂論，與實學上之經驗論。知其可信而不能愛，覺其可愛而不能信，此近二、三年中最大之煩悶，而近日之嗜好所以漸由哲學而移於文學，而欲於其中求直接之慰藉者也。

三十一歲至三十五六歲間，居北京，專治詞曲，此時期之最大成就爲《人間詞話》之撰著與戲曲之研究。三十四歲九月撰成《人間詞話》，獨標「境界」二字，認爲詞以境界爲最上，有境界則自成高格，自有名句。能寫眞景物眞感情者，謂之有境界，否則謂之無境界。境界有有我之境，有無我之境，「淚眼問花花不語，亂紅飛過秋千去。」「可堪孤館閉春寒，杜鵑聲裏斜陽暮。」有我之境也。「采菊東籬下，悠然見南山。」「寒波澹澹起，白鳥悠悠下。」無我之境也。更進而辨析境界有隔與不隔之別，曰：陶謝詩不隔，延年詩則稍隔矣；東坡之詩不隔，山谷則稍隔矣。以一人一詞論，如歐陽公〈少年遊〉詠春草上半闋上云：「闌干十二，獨憑春晴，碧遠遙雲；二月三月，千里萬里，行色苦愁人。」語語皆在目前，便是不隔。至云：「謝家池上，江淹浦上。」則隔矣。「生年不滿百，常懷千歲憂，晝短苦夜長，何不秉燭遊。」「服食求神仙，多爲藥所誤，不如飲美酒，被服紈與素。」寫情如此，方爲不隔。境

界之說，實爲先生之一大創見。然此一專著亦頗受叔本華哲學之濬發。《人間詞話》曰：「自然中之物，互相關係，互相限制，然其寫之於文章及美術中也，必遺其關係限制之處。」又曰：「無我之境，以物觀物，故不知何者爲我，何者爲物。」皆與叔氏之說有貫通之處。

先生於此五、六年間又專力於戲曲之研究，戊申年三十二歲八月草成《曲錄》初稿，釐爲二卷，爲先生整理宋元以來戲曲之第一部著作。翌年五月修改《曲錄》成，定爲六卷。其後又完成《曲錄考成》一卷、《唐宋大曲考》一卷、《優語錄》二卷、《古劇腳色考》一卷、《曲調源流表》一卷，壬子癸丑年元月乃集歷年研究戲曲之大成，撰就《宋元戲曲史》一書，遂使戲曲成爲專門之學，而我國重視近代戲曲之研究，亦以先生爲開山之鼻祖。〈宋元戲曲史自序〉云：

> 世之爲此學者自余始，其所貢於此學者，亦以此書爲多，非吾輩才
> 力過於古人，實以古人未嘗爲此學故也。

先生此書一出，不僅爲我國學界的推崇，亦掀起日本學界研究曲學之熱潮。日人鹽谷溫氏於所著《中國文學概論講話》第五章云：「王氏遊寓京都時，我學界也大受刺激，從狩野君山博士起，久保天隨學士，鈴木豹軒學士，西村天囚居士，亡友金井君等，都對於斯文造詣極深，或對曲學研究吐卓學，或競先鞭於名曲底紹介與翻譯，呈萬馬駢鑣而馳騁的盛觀。」（孫俍工譯本）此爲先生治學次第之第三期。

四、盡棄前學，專治經史小學之時期

辛亥革命成功，羅振玉掛冠神武門，避地東渡，航海走日本，先生攜家相從，振玉乃勸先生專研國學，而先於小學訓詁植其基。羅氏以爲：「尼山之學在信古，今人則信今而疑古。國朝學者疑《古文尚書》，疑《尚書》孔注，疑《家語》，所疑固未嘗不當。及大名崔氏著《考信錄》，則多疑所不必疑。至於晚近，變本加厲，至謂諸經皆出於假造。至歐西哲學，其立論多似周秦諸子，若尼采諸家學說，賤仁義，薄謙遜，非節制，欲創新文化以代舊文化，則流弊滋多，方今世論多歧，三千年之教澤不絕如線，非矯枉不能反經。士生今日，萬事無可爲，欲拯此橫流，舍反經信古莫由也。君年方壯，予亦未嘗衰暮，守先待後，期與子共勉之！」先生聞而慬然，自詧以前所學未醇，乃取行篋《靜安文集》百餘冊，悉燒毀之；欲北面稱弟子，自是又盡棄所治之文學，專攻經史，日讀

注疏盡數卷，旁及文字聲韻之學，如是者數年，所造益深且醇。民國五年，先生先羅振玉返國，羅氏割藏書十之一贈之，送之神戶，執先生手曰：「以君進德之勇，異日以亭林相期矣。」返國後寓居上海，於哈同愛儷園中爲廣倉學窘編撰，二年後兼任倉聖明智大學教授，民國八年，又爲烏程蔣汝藻編纂《密韻樓藏書志》，民國十一年冬，因胡適之博士之薦，應北京大學之聘，任研究所國學門通信導師，自是斐聲中外，歐日漢學界，莫不奉先生爲泰斗。此十年間，爲先生著述最勤最豐之時期。於甲骨金文之研究，則考之史事制度與文物，以知其時代之情狀，本之詩書以求其文之義例，考之古音以通其義之假借，參之彝器以驗其文字之變化。所撰〈殷卜辭中所見先公先王考〉及〈殷周制度論〉，義據精深，方法縝密，極盡考證家之能事，而於周代立制之源，及周公成王所以治天下之意，言之尤爲眞切。於史學之研究，則能史外求史，取地下之材料，與紙上之遺文互相釋證，取異族之故書，與吾國之書籍相互補正，遂能使古書煥然改觀。於漢晉木簡之研究，據沙畹所撰之《斯坦因所得漢晉木簡文字考釋》一書，選取五百八十片，重行分類考訂，編著《流沙墜簡》三卷，撰成《考釋》三卷。於古烽燧地理考證甚詳，其考證方法，先引徵史事，再以竹簡記事者相佐證，所爲〈屯戍叢殘考釋〉，亦用此法，堪稱精審無兩。賀昌群先生云：「斯坦因所獲漢簡，先經沙畹爲之詮次，後經羅振玉、王國維二氏之考釋，千秋遺跡，得還舊觀。而前後漢間，漢兵甬道玉門，隔絕光明，使南北不得交關，當年經營，幸猶可見於今日。前賢之功，可謂偉矣！」

此書付印之時，先生又撰有長達萬餘字之序文，考證木簡出土之地理方位，實爲近代研究西陲古地理之第一篇大文字。先生音韻訓詁之研究，得益於沈曾植之啓迪，所著《爾雅草木蟲魚鳥獸釋例》一書，乃用分類法，從生冷怪僻之文字，整理出提綱挈領之原則，使《爾雅·釋草》以下各篇皆可暢讀。於古音韻之學，以爲至王念孫、江有誥二人而臻密，先生搜集見於金石文字有韻者數十篇，用韻與《詩經》無不相合者，撰成《兩周金石文韻讀》一卷，以證王、江二家古韻二十二部說之精密。於音理方面，則主張古有五聲，此五聲即「陽類一，與陰類之平上去入四是也」，此時先生爲學已進入自創之時代，雖由西洋學說以返求於我國之經典，而卒能不爲經典所束縛，此爲先生治學之第四期。

五、治西北史地之時期

民國十二年春，先生奉溥儀之召，自上海之北平，派爲南書房行走，負整

理清宮藏器、書籍之責。後二年，民國十四年，先生應清華學校國學研究院之聘，爲經史學導師。先生至北平，乃轉變其治學方向，爲西北地理及遼金元史之研究，所校注之蒙古史料，有《蒙韃備錄箋證》一卷、《黑韃事略箋證》一卷、《聖武親征錄校注》一卷、《長春眞人西遊記校注》二卷，單篇考證有〈萌古考〉、〈黑車子室韋考〉、〈西遼都城虎思斡耳朵考〉、〈韃靼考〉、〈金界壕考〉、〈南宋人所傳蒙古史料考〉、〈元朝祕史之主因亦兒堅考〉、〈蒙古札記〉等十餘篇。先生作蒙古史料注，本之「求精確不求廣闊，求專門不求閎通」之治學標準，作重要問題之考證，考證之第一要著，即在辨明史料。所撰〈南宋人所傳蒙古史料考〉，認定李大諒《征蒙記》、王大觀《行程錄》、張師顏《南遷錄》中的記載之《要錄》、《朝野雜記》與宇文懋昭《大金國志》，輾轉徵引，即乾嘉史學大家錢大昕尚惑其說，至先生始將此一僞史料一一辨明，後日研究蒙古史，當不致如錢氏之爲僞史料所惑，此爲先生晚年之治學貢獻。

第二節　王靜安先生之治學態度

王國維先生一代之大儒也，綜觀其一生治學之精勤，態度之嚴謹，方法之縝密，而創獲之多，誠可謂前無古人。先生之治學態度，可得而言之者有三：即一、不屈舊以就新，亦不紐新以從舊。二、釋字解經著重闕疑。三、著書立說忠實嚴謹。

一、不屈舊以就新，亦不紐新以從舊

先生早年治哲學，習科學，精通外文，思有以貫串中西思想，故其治學之方，雖有類於乾嘉諸老，而實非乾嘉諸老所能範圍。其序商承祚《殷虛文字類編》，有「不屈舊以就新，亦不紐新以從舊。」之語，實爲先生治學之根本態度。又云：「今世弱冠治古文字學者，余所見得四人焉，曰嘉興唐立庵蘭，曰東莞容希白庚，曰膠州柯純卿昌濟，曰番禺商錫永承祚。立庵孤學，於書無所不窺，嘗據古書古器以校《說文解字》。希白則專攻古金文，欲補吳縣吳愙齋中丞之書，而其書皆未就。純卿爲鳳孫學士次子，年最小讀書亦最多，嘗以書問字於余；余歎其逸足，每思所以範之。前歲撰〈殷虛書契補釋〉一篇寄余，尚未能中繩墨也。錫永從上虞羅叔言參事遊。壬戌夏，持參事書訪余於上海，出所纂《殷虛文字類篇》索余文弁其首。癸亥五月，余來京都，

錫永書亦刊成，乃始得而序之。夫殷虛文字之學，始於瑞安孫仲容比部，而
實大成於參事。參事於宣統庚戌撰〈殷虛貞卜文字考〉，甲寅復撰《殷書契考
釋》，創獲甚多，丙辰之夏，復集殷虛文字之不可識者，爲《殷虛書契待問編》，
參事與余續有所釋，皆箋識其上，其於《考釋》一書又大有增刪。錫永乃彙
諸書以說文次第編之，其所自釋者亦十之一二，精密矜愼，不作穿鑿附會之
說。……如錫永此書，可以傳世矣！雖然，書契之學自孫比部，而羅參事，
而余，所得發明者不過十之一二，而文字之外，若人名，若地理，若禮制，
有待于考究尤多。故此新出之史料，在在與舊史料相需，故古文字古器物之
學與經史之學實相表裏，惟能達觀二者之際，不屈舊以就新，亦不紐新以從
舊，然後能得古人之眞，而其言乃可信於後世。」（《觀堂別集》卷四）

二、釋字解經著重闕疑

闕疑之說，出自孔子。孔子曰：「知之爲知之，不知爲不知，是知也。」
又曰：「多聞闕疑。」又曰：「君子於其所不知，蓋闕如也。」許叔重撰《說
文解字》，特重此義，先生治學亦著重此說。

先生序容庚《金文編》有云：「孔子曰：多聞闕疑。又曰：君子於其所不
知，蓋闕如也。許叔重撰《說文解字》，竊取此義，於文字之形聲義有所不知
者，皆注云闕。至晉荀勗等寫定《穆天子傳》，於古文文不可識者，但如其字，
以隸寫之，猶此志也。宋劉原父、楊南仲輩釋古彝器，亦用此法。……吳清
卿中丞撰《說文籀補》，則以字之不可識者爲附錄一篇，乃有合於《說文》注
闕之例。今古文日出，古文字之學亦日進，中丞書中附錄之學，頗有可酌知
其爲某字者，其本書中之學亦不能致疑者，顧未有續中丞書而補其闕遺匡其
違失者，亦茲學之缺典也。癸亥冬日，東莞容君希白出所著《金文編》相示，
其書祖述中丞，而補正中丞書處甚多，是能用中丞之法而光大之者。余案闕
疑之說出於孔子，蓋爲一切學問言，獨於小學，則許叔重一用之，荀勗輩再
之，楊南仲三用之，近時吳中丞又用之。今日小學家如羅叔言參事考甲骨文
字，另撰《殷虛文字待問編》一卷，亦用此語。而希白是編與參事弟子商錫
永《殷虛文字類編》用之尤嚴，至於他學，無在而不可用此法。古經中若易
若書，其難盡解不下於古文字，而古來治之者皆章疏句釋，與王薛諸氏之釋
彝器款識同。余嘗欲撰《尚書》注，盡闕其不可解者，而但取其可解者著之，
以自附於孔子闕疑之義。」（《觀堂別集》卷四）又其〈流沙墜簡序〉云：「癸

丑歲暮，始於羅叔言先生處讀斯坦因博士所得之漢晉簡牘及沙畹博士《考釋》之書，時先生方寫定〈殷虛書契後編〉，又以世人亟欲先睹是簡也，乃屬國維分任考訂。握槧踰月，粗具條理，乃略考簡牘出土之地，弁諸篇首，以論是書者。案古簡所出，爲地凡三，一爲敦煌西北之長城，二爲羅布淖爾之古城，其三則和闐東北之尼雅城及馬咱託拉拔拉滑史德三地也。敦煌所出，皆西漢之物；出羅布淖爾北者，則自魏末以迄前涼；其出和闐旁三地者，都不過三十餘簡，又皆無年代可考，然其古者，猶當爲後漢遺物，其近者亦當在隋唐之際也。今略考諸地古代之情狀，而闕其不可知者，世之君子以觀覽焉！」

先生序中所云：「以自附於孔子闕疑之義」，又云：「闕其不可知者」，不啻自道其平生治學之態度。故其著作中，言「未詳」、「未解」、「不易知」、「不易解」、「全句不解」、「書闕有間，不敢妄爲之說」者，隨處可見。其考釋金文，曰未詳者凡十四見，先生曰：「古器文字有不可識者，勢也。自來釋古器者，欲求無疑，則姑闕焉。」（〈毛公鼎考釋序〉）凡此皆可見先生爲學之謹愼，知之爲知之，不知爲不知，乃爲眞知，先生可謂大智之人也。

三、著書立說忠實嚴謹

先生之著書立說，向以極嚴謹之態度爲之，有絲毫不自信，則不著諸竹帛。梁任公曰：「……顧其頭腦乃純爲現代的，對於現代文化原動力之科學精神，全部默契，無所抵拒。而每治一業，恆以極忠實極敬愼之態度行之，有絲毫不自信，則不以著諸竹帛；有一語爲前人所嘗道者，輒棄去，懼蹈勦說之嫌以自點污。蓋其治學之道術所蘊蓄者如是，故以治任何顓門之業，無施不可，而每有致力，未嘗不深造而致其極也。」（清華學校《國學論叢》第三號〈王靜安紀念號序文〉），其一生所校勘之書極多，門人趙萬里整理先生遺書，檢出歷年手校手批各書，編爲《王靜安先生手批手校書目》，計有一百九十二種，皆以嚴謹忠實爲本。其校《水經注》自壬戌四十一歲至乙丑四十九歲，前後九年之久，乙丑三月撰〈水經注跋尾〉，爲先生歷年校勘《水經注》之總成績，後釐分爲〈宋刊水經注殘本跋〉、〈永樂大典本水經注跋〉、〈明鈔本水經注跋〉、〈朱謀㙔水經注箋跋〉、〈孫潛夫校水經注殘本跋〉、〈聚珍本戴校水經注跋〉等六篇。先生於跋戴校中，述歷年校勘《水經注》之經過曰：「壬戌春，余於烏程蔣氏傳書堂見《永樂大典》四冊，全載《水經注》河水至丹水二十卷之文，因思戴校聚珍版本出於《大典》，乃亟取以校戴本，頗怪戴本勝處全出《大典》本外，而《大典》

本勝處，戴校未能盡出，疑東原之言不實。思欲取全趙二家本一校戴本，未暇也。既而嘉興沈乙庵先生，以明黃省曾刊本屬余錄《大典》本異同，則又知《大典》本與黃本相近，先生復勸余一校朱王孫本，以備舊本異同，亦未暇也。癸亥入都，始得朱王孫本，復假江安傅氏所藏宋刊殘本十一卷半、孫潛夫手校殘本十五卷，校於朱本上，又校得吳琯《古今逸史》本，於是於明以前舊本沿襲得窺涯略，乃復取全趙二家書，並取趙氏朱箋刊誤所引諸家校本以校戴本，乃更恍然於三四百年諸家釐訂之勤，蓋水經注之有善本，非一人之力也。」又先生謂戴東原私改《大典》原本，又偽託歸有光本，曰：「凡此等學問上可忌可恥之事，東原胥爲之而不顧，則皆由氣矜之一念誤之。至於掩他人之書爲己有，則實非出其本意。」又曰：「平生尚論古人，雅不欲因學問之事傷及其人之品格，然東原此書，方法之錯誤，實與其性格相關，故綜論及之，以爲學者誡。當知學問之事，無往而不當用忠實也。」足見先生治學態度之嚴謹，其忠實之態度，於遺書中往往可見。

第三節　王靜安先生之治學方法

一、由小學立根基

先生曰：「夫學問之品類不同，而其方法則一。」（〈沈乙庵先生七十壽序〉）先生學問之所以豐偉，乃在於能掌握科學之治學方法，其方法有類於乾嘉學諸老者，而又非乾嘉諸老所能範圍。其類於乾嘉諸老者，一言以蔽之，即是「實事求是」之治學精神，「言必有據，據必可信。」之治學態度，「無徵不信」之治學方法。此一方法亦即是先生所云：「必先通《說文》，而後再治詩、書、三禮。」以小學立根基之法。

羅振玉論先生之學曰：「蓋君之學，實由文字、聲韻以考古代之制度文物。」（〈觀堂集林序〉）先生之高弟柏生（戴家祥）曰：

孫詒讓、羅振玉、王國維三家都具備了關於字形、字音、字義這三方面的淵博知識，但是運用起來，各有各的側重點。孫重在從先秦語法辭例上取得成績；羅則較多從字形演變上著力；王貫徹各方面，而最大的收穫在利用古音通假。（〈甲骨文字學的發展與王靜安先生的方法論〉）

先生之門人吳其昌曰：

> 先生之學，其目的在於考史，而史之範圍之中，又偏重於古史。而
> 先生考證古史之學，皆建設於小學之上。換言之，即以小學為工具，
> 為基礎也。

又曰：

> 所謂小學者，隸書以下，今姑捨棄不言，隸書以上，皆可名之為古文
> 字學。古文字學，今約析四類：一者契文（即甲骨文字），二者古文
> （即鐘鼎文字），三者籀文（即大篆），四者篆文（即小篆）。契文自
> 洹上發現以後，迭經劉鐵雲（鶚）、王文敏（懿榮）、盛伯希（昱）、
> 孫仲容（詒讓）等收藏、整理、考釋，然其學終未成立，成立此學者，
> 終推羅叔言先生，而光大發揮之者，則先生也。（〈王觀堂先生學述〉）

楊樹達云：

> 甲骨文者，殷商之文字也。欲識其字，必以《說文》篆籀彝器銘文
> 為途徑求之，否則無當也。甲文中已盛行同音通假之法，識其字矣，
> 未必遽通其義也，而古音韻之學尚焉，此治甲骨者必備之初步知識
> 也。甲骨文所記者，殷商之史實也，欲明其事，必以古書傳記所記
> 殷周之史實稽合其同異，始能有所發明，否則亦無當也。大抵甲骨
> 之學，除廣覽甲片，多誦甲文，得其條理而外，舍是二術，蓋不能
> 有得也。就形以識其字，循音以通其讀，然後稽合經傳以明史實，
> 庶幾乎近之矣。……余以此說求之五十年來甲骨諸家，得二人焉，
> 一曰王君靜安，一曰郭君沫若。王君功力絕深，每下一義，泰山不
> 移，讀其書，怡然理順，渙然冰釋，使人之意也消，恒言所謂爐火
> 純青者，王君近之矣。（〈積微居甲文說自序〉）

以上諸家之說，皆在肯定先生貫通文字、聲韻、訓詁之學，故能成就其一生
不朽之學問。

二、貫通中西文化

先生之學，有類於乾嘉諸老，而又非乾嘉諸老所能範圍者，乃得力於先生
早年治哲學，習科學，精通外國語文，故能貫通中西文化以治學。陳寅恪曰：

> 先生之學博矣，精矣，幾若無涯岸之可望，轍跡之可尋，然詳繹遺書，
> 其學術內容及治學方法，殆可舉三目以概括之者，一曰地下之實物與

紙上之遺文互相釋證，凡屬於考古學及上古史之作，如〈殷卜辭中所見先公先王考〉，及〈鬼方昆夷玁狁考〉等是也。二曰取異族之故書，與吾國之舊籍互相補正。凡屬于遼金元史事及邊疆地理之作，如〈萌古考〉及〈元朝秘史之主因亦兒堅考〉等是也。三曰取外來之觀念與固有之材料互相參證，凡屬文藝批評及小說戲曲之作，如〈紅樓夢評論〉及《宋元戲曲史》等是也。（〈王靜安先生遺書序〉）

先生之高弟朱芳圃曰：

先師治學，縝密謹嚴，奄有清代三百餘年文字、聲韻、訓詁、目錄、校勘、金石、輿地之長，而變化之，恢宏之。其所見新出史料亦最夥，又精通英、日、法諸國文字，精通科學方法，故每樹一義，考一事，精賅無倫，得未曾有。其著述之量，雖稍遜清代大儒，然新得之富，創獲之多，謂之前無古人可也。（〈述先師王靜安先生治學之方法及國學上之貢獻〉）

陳氏所言：「取外來觀念與固有之材料互相參證。」朱氏所云：「精通科學方法。」皆道出先生善用西洋之科學方法以整理固有學術之長處。先生曰：

夫尊孔、孟之道，莫若發明光大之，而發明光大之道，又莫若兼究外國之學說。」（〈奏定經學科大學文學科大學章程書後〉）

光緒年間，張之洞掌學部，奏定分科大學章程，其中經學科文學科章程，乃張氏最得意之作，然此二科章程僅顧及保存國粹，而未圖及國家學術發達長遠之計，故先生於〈奏定經學科大學文學科大學章程書後〉一文中，即指其根本之誤，在無哲學一科，其次是經學科大學與文學科大學不可分之而為二，而群經亦不可再分，歷來經師無不博綜群經也。先生曰：

今日所最亟者，在授世界最進步之學問之大略，使知研究之方法，至於研究專門中之專門，則又畢生之事業，而不能不俟諸卒業以後。

（〈奏定經學科大學文學科大學章程書後〉）

先生主張經學科大學應合併于文學科大學之中，而分為五科：一經學科，二理學科，三史學科，四中國文學科，五外國文學科。先生所擬各科課程皆有外國文、哲學概論、社會學、教育學，至今猶為大學文學院各系所共同必修之課程，足見先生獨具慧眼，早已看出現代教育之趨勢。先生又論中西學者之特質曰：

我國人之特質，實際的也，通俗的也。西洋人之特質，思辨的也，科學的也，長於抽象，精於分類，對於世界一切有形、無形之事物，

> 無往而不用綜括及分析之二法。……吾國人之所長，寧在實踐方面，
> 而於理論之方面，則以具體的知識爲滿足，至於分類之事，則除迫
> 於實際之需要外，殆不欲窮究之也。……故我中國有辯論而無名學，
> 有文學而無文法，足以見抽象與分類二者，皆我國人之所不長，而
> 我國學術尚未達自覺之地位也。（〈論新學之輸入〉）

先生深知國人不長於抽象之思維與分類、綜合、分析之法，故起而倡導之，
並進而應用於所著專論之中。其吉金文字之考釋，可見先生長於分析、演繹、
歸納之西學方法。先生曰：

> 考之史事與制度文物，以知其時代之情狀；本之詩書，以求其文之
> 義例；求之古音，以通其義之假借；參之彝器，以驗其文字之變化。
> 由此而之彼，即甲以推乙，則於字之不可釋，義之不可通者，必間
> 有獲焉。（〈毛公鼎考釋序〉）

先生於所作〈明堂廟寢通考〉，用演繹歸納之法，詳予分析。先生曰：

> 我國家族之制古矣，一家之中有父子有兄弟，而父子兄弟又各有其匹
> 偶焉！……故穴居野處時，其情狀余不敢知，其既爲宮室也，必使一
> 家之人所居之室相距至近，而後情足以相親焉，功足以相助焉。然欲
> 諸室相接，非四阿之屋不可，……使其堂各向東西南北於外，則四堂
> 後之四室亦自向東西南北而湊於中庭矣。此置室最近之法，最利於
> 用，而亦足以爲觀美。明堂、辟雍、宗廟、大小寢之制，皆不外由此
> 而擴大之緣飾之者也。……明堂之制，外有四堂，東西南北兩兩相
> 背。……四堂之後，各有一室。……四堂四室，兩兩對峙，則其中有
> 廣庭焉！庭之形正方，其廣袤實與一堂之廣相等。……明堂之制，既
> 爲古代宮室之通制，故宗廟同制，其所異者，唯無太室耳。

先生早歲治西洋科學，本思有以貫串精博，雖未能終其業，但對西洋之治學
方法早已了然於胸，故其爲學能貫通中西之方法，而成就卓著，日漢學家狩
野直喜曰：「王靜安先生之偉大，就在於用科學方法整理國故。」此言誠然。

三、以事實決事實

　　王靜安先生早歲習哲學、治科學，具有西方重驗證之科學精神，主張「以
事實決事實，不當以後世之理論決事實」之治學方法，故其著書立說重驗證
而不尚空言，一有絲毫不自信，則不著諸竹帛。

　　民國四年，先生撰〈洛誥箋〉一篇，刊入《國學叢刊》，日人林浩卿博士於先生釋王賓殺禋之說，頗不以為然，因作〈讀國學叢刊〉一篇，指摘先生文中之瑕疵。先生以洛誥先燔燎而後祼，為周時禮，〈大宗伯〉以「肆獻祼享先王」，肆獻在祼前，因推知「既灌迎牲後起之禮」。並列舉事實，覆書答之：1.《詩》、《書》、《周禮》三經與《左傳》《國語》有祼字，無灌字。2.祼字，《周禮》本書作果。3.祼從果聲與灌從藋聲部類不同。4.《周禮》諸書，祼兼用於神人，為敬神而非專為降神之用。5.〈大宗伯〉以肆獻祼為序，與司尊彝之先祼而後朝獻再獻之尊，次序互異。6.殷周間稱先王曰王賓，洛誥時代去商甚近，所云王賓，當釋為文王、武王，不當釋為周公。林浩卿覆函中，以為祼字之義，應數「灌地降神為第一義，歆神為第二義，用於賓客為第三義。周中世以後，尚多用第一義，不應周初作〈洛誥〉時卻用第二義。」以此說難先生。先生再覆書，直言「吾儕當以事實決事實，不當以後世之理論決事實。」因列舉事實，謂：「果字最古，祼字次之。祼字形音義三者皆不與灌同。」則不必釋為「灌地降神之祭」。「既非灌地降神之祭，則雖在殺牲燔燎之後，固無嫌也。」後先生乃於翌年四月將往返之書，彙成〈祼禮榷〉一卷，刊入學術雜誌中，以待海內外方聞之士論定。由此可知先生考證禮制「以事實決事實，不當以後世之理論決事實」之方法，又可想見先生治學之嚴謹，及其不以疑文虛說，及一二人私見為定之態度。

　　先生重驗證、尚事實之精神，於著作之中到處可見，如《說文》：「盉，調味也，從皿禾聲」，先生以目驗之法，輔以博學精誠，遂考定盉為和水於酒之器，其說至為精當，後人均從之。先生曰：

　　盉見於宋人書中為最早，歐陽公《集古錄》已著錄一器，其銘曰：「伯玉穀子作寶盉」，然古未嘗知有是器，亦未嘗有是名也。《說文》：「盉，調味也。」不云器名，自宋以後，知其為器名，然皆依傍許氏之說，以為調味之器也。

　　余觀湨陽端氏所藏殷時斯禁，上列諸酒器，有尊二、卣二，皆盛酒之器，古之所謂尊也。有爵一、觚一、觶二、角一、斝一，皆飲酒之器，古之所謂爵也。有勺二，則自尊挹酒於爵者也。諸酒器外，惟有一盉，不雜他器。使盉為調味之器，則宜與鼎鬲同列，今廁於酒器中，是何說也。

　　余謂盉者，蓋和水於酒之器，所以節酒之厚薄者也。古之設尊也，

必有玄酒，故用兩壺。其無玄酒，而但用酒若醴者，謂之側尊，乃禮之簡。且古者惟冠禮父之醴子，昏禮贊之醴婦酳媵及聘禮禮賓等用之，其餘嘉禮、賓禮、吉禮，其尊也，無不有玄酒。此玄酒者，豈眞虛設而但貴其質乎哉。蓋古者賓主獻酢，無不卒爵，而爵之大者，恆至數升，其必飲者，禮也；其能飲或不能飲者，量也。先王不欲禮之不成，又不欲人以成禮爲苦，故爲之玄酒以節之。其用玄酒奈何？曰：和之於酒而已矣。〈昏禮〉記婦人入寢門，贊者徹尊幂、酌玄酒，三屬於尊，此和之於尊者也，《周禮·春官》司尊彝，凡六尊六彝之酌，鬱齊獻酌，醴齊縮酌，盎齊涗酌，凡酒脩酌，鄭注：「凡酒，謂三酒也。脩讀如滌濯之滌；滌酌，以水和而沸之，今齊人命浩酒曰滌。」是脩酌用水也。〈郊特牲〉云：「明水涗齊，貴新也。」是涗酌，亦用水也。此和之於酌時者也，和水於尊者，挹彼注茲而已，至於酌酒時以水和而沸之，於尊則已鉅，於爵則已細，此盉者，蓋用以和水之器。自其形制言之，其有梁或鋬者，所以持而蕩滌之也，其有蓋及細長之喙者，所以使蕩滌時酒不泛溢也，其有喙者，所以注酒於爵也。然則盉之爲用，在受尊中之酒與玄酒而和之，而注之於爵，故端氏銅禁所列諸酒中有是物，若以爲調味之器，則失之遠矣。（〈說盉〉）

又先生考證磬之懸法，以爲應以側懸爲是，直懸爲非，先生遂自製一木磬，驗其懸制，果如其然，由此可見先生之治學，重以事實決事實，而不重以後世理論決事實。先生〈古磬跋〉云：

夢郭草藏古磬一，股長建初尺七寸二分，博四寸六分半，厚一寸強；鼓長一尺一寸六分強，博三寸四分，厚一寸；穿在股鼓之間；而股鼓倨句之度，侈於一矩有半。其下面作一弧線，不能分股鼓之界（殷虛二大磬，則徑作弦線），與《考工記》磬氏制度不盡合；以繩懸之，則鼓向外，與殷虛二大磬、孟津所出周大小二磬及長安所出漢四時嘉至磬並同；與程易疇先生《磬折古義》中所創古磬直懸之說不合。此磬，癸亥仲秋得於鄭州，雖未知出於何所及爲何代物，然與孟津周磬及漢嘉至磬形制正同，知亦爲周漢間物矣。案程君磬折節之解，誠妙悟絕人，磬氏、車人二職，至是始得確解；然由人之磬折以推磬之直懸，則經並無此說。歐陽公《集古錄》跋尾，謂古

鐘皆側懸。今傳世古鐘有甬及旋蟲者，懸之。其鼓皆外向也。鐘磬之鼓外向，於擊者為便，此商、周、漢三代之磬無不然，此則程君之說，固不盡可據也。

又其〈漢南呂編磬跋〉曰：

此磬厚建初尺一寸，股博四寸，長六寸二分。下鼓已斷，博如股博。與《考工記》磬氏三分鼓博，以其一為之厚及博為一、股為二之說不合，股鼓間倨句之度，亦侈於一矩有半，其下鼓折處，余用磬氏股二、鼓三之比補之，試作一木磬懸之，則其鼓向外，不能直懸，與程易疇先生《磬折古義》不合。……羅氏所藏殷虛三大磬，余嘗以木仿製，懸而眡之，其鼓無不向外者，此磬亦然。必如是，方於擊者為便，古鐘側懸，理亦如是也。（《觀堂別集》卷二）

由以上可見先生之治學方法重以事實決事實，而不尚以後世理論以決事實之治學方法。

四、二重證據法

先生研究古史之二重證據法，係揭示於其《古史新證‧總論》中。先生曰：

研究中國古史，為最糾紛之問題，上古之事，傳說與史實混而不合，史實之中，固不免有所緣飾，與傳說無異，而傳說之中，亦往往有史實為之素地，二者不易區別，此世界各國之所同也。在中國古代已注意此事。……至於近世，乃知孔安國本《尚書》之偽，《紀年》之不可信，而疑古之過，乃併堯舜禹之人物而亦疑之，其於懷疑之態度及批評之精神，不無可取。然昔於古史材料，未嘗為充分之處理也。吾輩生於今日，幸於紙上之材料外，更得地下之新材料。由此種材料，我輩固得於據以補正紙上之材料，亦得證明古書之某部分全為實錄，即百家不雅馴之言，亦不無表示一面之事實，此二重證據法，惟在今日始得為之。雖古書之未得證明者，不能加以否定，而其已得證明者，不能不加以肯定，可斷言也。

先生所指紙上之舊材料，有《尚書》、《詩經》、《易經》、《五帝德》及《帝繫姓》、《春秋》、《左氏傳》、《國語》、《世本》、《竹書紀年》、《戰國策》、周秦諸子以及《史記》。地下出土之新材料為甲骨文、金文等。先生之二重證據法，實為今日研究古史之不二法門。

五、演繹歸納法

　　明堂之制，歷來聚訟紛紛，此制起源最古，秦時即已失傳，自漢以來，歧說越多，先生據殷虛貞卜文字、《史記》、《考工記》及其他古籍，用演繹歸納比較法，詳予分析。先生曰：

> 我國家族之制古矣，一家之中有父子有兄弟，而父子兄弟又各有其匹偶焉！……故穴居野處時，其情狀余不敢知，其既爲宮室也，必使一家之人所居之室相距至近，而後情足以相親焉，功足以相助焉。然欲諸室相接，非四阿之屋不可，……使其堂各向東西南北於外，則四堂後之四室亦自向東西南北而湊於中庭矣。此置室最近之法，最利於用，而亦足以爲觀美。明堂之制，外有四堂，東西南北兩兩相背。……四堂之後，各有一室。四堂四室，兩兩對峙，則其中有廣庭焉！庭之形正方，其廣袤實與一堂之廣相等。……明堂之制，既爲古代宮室之通制，故宗廟同制，其所異者，唯無太室耳。(〈明堂廟寢通考〉)

六、參互比較法

　　先生於古史之考證，採地下材料與紙上材料相互釋證法，凡紛歧史實則採參互比較法，其研究蒙古史即以此法與宋金元三朝史事相互參校之。先生以爲凡研究史學者，於某民族史，不得不依據他民族之記載，如中國塞外民族，若匈奴，若鮮卑，若西域諸國，除中國正史中之列傳記載外，殆無謂信史也。其次若契丹，若女眞，其文化較近，記述亦較多，然因其文字已廢，除漢人所編之遼金二史，亦幾無所謂信史。先生考定蒙古信史當自成吉思汗始，又斷定李大諒《征蒙記》及宇文懋昭《大金國志》等所記之蒙古史，實皆虛誣不可信，頗有精闢之論。先生曰：

> 凡研究史學者，於某民族史不得不依據他民族之記載。……蒙古一族，雖在今日尚有廣大之土地，與行用之文字，然以其人民沈溺宗教，不事學問，故當時紐察脫卜赤顏與阿兒壇脫卜赤顏之原本，已若存若亡，反藉漢文及波斯文本以傳於世。……故此族最古之史料，仍不能不於漢籍中求之。而漢籍中所載金天會皇統間蒙古寇金及金人欵蒙一事，在蒙古上世史中自爲最重大之事項。宋時記此事者有二專書，今雖並佚，而尚散見於他籍。其中宇文懋昭《大金國志》

一種傳世尤廣，西人多桑作《蒙古史》，於千一百四十七年書蒙古忽都剌伐金，金與議和而退，與《國志》所記年歲相合，蓋即本諸《國志》者也。嗣後洪侍郎鈞、屠敬山寄、柯學士劭忞皆參取宇文《國志》及多桑書以記此事。……余去歲草遼金時蒙古考，亦但就《國志》錄之，當時雖未敢深信，顧未得所本，姑過而存之，亦未加以辨證。嗣讀李心傳《建炎以來繫年要錄》，及劉時舉《續宋中興編年資治通鑑》，並記此事，而《要錄》尤詳，始知《續鑑》《國志》皆本李氏。李氏記此事凡五條，……注云出王大觀《行程錄》。又李錄記金人殺宇文虛中事，引《征蒙記》一條，云王大觀《行程錄》與之同，又云二人皆北人，……知王大觀乃金人，其人蓋與於征蒙之役，因作《行程錄》，與《征蒙記》爲同時之作，故二書記事往往互相表裏，如趙珙《蒙韃備錄》所引蒙古稱帝改元一事，……與《行程錄》同。顧《征蒙記》一書，徐氏《會編》岳柯《程史》李氏《要錄》趙氏《備錄》並引之，……而《行程錄》除李氏外，未有徵引及之者。……然則此重大事項，有同時人之記述，又有二書互相羽翼，且《征蒙記》又出於蒙古未興以前，史料之可信，宜無過於此者，然細考二書之記事，乃全與史實不合，蓋南宋渡初葉人所偽作，而託之金人者。（〈南宋人所傳蒙古史料考〉）

先生又參校公私載籍，而以「征蒙本事之無根，宗弼卒年之歧誤，人名官名之附會」三者證明爲宋人偽作，就二書記事一一相合言，實爲一人所偽撰。

先生又曰：

原宋人所以偽爲此種書者，緣南渡之初，廟算與國論恆立於相反之地位，當局者度一時之利害，故以和爲主，其極也，至於稱臣受冊而不恤，輿論激於一時之恥辱，故以戰爲主，而不復問彼我之情勢。逮和議成，則國論屈於廟算，而人心之激昂則或倍於前，其作偽書以敘述國恥者，則有若《孤臣泣血錄》、《南燼紀聞》等，而《行程錄》及《征蒙記》則又託爲北人之言，一面造作蒙古寇金事，以示金人在北方常有後顧之憂，一面造就兀朮諸書，以證明金人虛聲哃喝之故技及南征狼狽之狀，凡此皆當時不滿和議之所爲也。

因以斷定蒙古信史始自成吉思汗。所言皆爲一針見血，非熟於宋金元史者，不能有此精闢之論。

第四節　王靜安先生之論學

一、論學有三大類

　　先生早歲治哲學、習科學、精通外國語言，思有以貫通中西文化，爲學縝密謹嚴，善於分析，長於演繹、歸納之法。三十五歲以前專注於文學、哲學，詩、詞、駢、散文，靡不精通，其文學理論之撰著，爲繼劉彥和《文心雕龍》以來之第一人。三十五歲以後，專力於史學之研究，著述愈豐，創見愈豐，終至斐聲中外。科學、文學、史學，實即先生畢生精力所貫注者，故其論學以爲學有三大類，曰科學、曰史學、曰文學。先生曰：

> 學之義不明於天下久矣。今之言學者，有新舊之爭，有中西之爭，有
> 有用之學與無用之學之爭。余正告天下曰：學無新舊也，無中西也，
> 無有用無用也。凡立此名者均不學之徒，即學焉而未嘗知學者也。學
> 之義廣矣。古人所謂學，兼知行言之，今專以知言，則學有三大類，
> 曰科學也、史學也、文學也。凡記述事物而求其原因，定其理法者，
> 謂之科學。求事物變遷之跡而明其因果者，謂之史學。至出入二者間
> 而兼有玩物適情之效者，謂之文學。然各科學有各科學之沿革，而史
> 學又有史學之科學。若夫文學，則有文學之學焉，有文學之史焉，而
> 科學史學之傑作，亦即文學之傑作，故三者非騞然有疆界，而學術之
> 蕃變、書籍之浩瀚，得以此三者括之焉。凡事物必盡其眞而道理必求
> 其是，此科學之所有事也。而欲求知識之眞與道理之是者，不可不知
> 事物道理之所存在之由與變遷之故，此史學之所有事也。若夫知識道
> 理之不能表以議論，而但可表以情感者，與夫不能求諸實地，而但可
> 求諸想像者，此則文學之所有事。古今東西之爲學，均不能出此三者。
> 惟一國之民性質有所毗，境遇有所限，故或長于此學而短于彼學，承
> 學之子，資力有偏頗，歲月有涯涘，故不能不主此學而從彼學，且于
> 一學之中，又擇其一部而從事焉，此不獨治一學當如是，自學問之性
> 質言之，亦固宜然，然爲一學無不有待于一切他學，亦無不有造于一
> 切他學，故是丹而非素，主入而奴出，昔之學者或有之，今日之眞知
> 學、眞爲學者，可信其無是也。夫然，故吾所謂學無新舊、無中西、
> 無有用無用之說可得而詳焉。何以言學無新舊也？夫天下之事物，自
> 科學上觀之，與自史學上觀之，其立論各不同。自科學上觀之，則事

物必盡其眞，而道理必求其是，凡吾智之不能通而吾心之所不能安者，雖聖賢言之有所不信焉，雖聖賢行之有所不慊焉，何則，聖賢所以別眞僞也，眞僞非由聖賢出也，所以明是非也，是非非由聖賢立也。自史學上觀之，則不獨事理之眞與是者，足資研究而已。即今日所視爲不眞之學說、不是之制度風俗，必有所以成立之由，與其所以適于一時之故，其因存于邃古，而其果及於方來，故材料之足資參考者，雖至纖悉不敢棄焉，故物理學之歷史謬說居其半焉，而史學家弗棄也。此二學之異也。然治科學者必有待于史學上之材料，而治史學者亦不可無科學上之知識。今之君子非一切蔑古，即一切尚古。蔑古者出於科學上之見地，而不知有史學；尚古者出於史學上之見地，而不知有科學，即爲調停之說者，亦未能知取舍之所以然，此所以有古今新舊之說。何以言學無中西也？世界學問不出科學、史學、文學，故中國之學，西國類皆有之，西國之學，我國亦類皆有之，所異者，廣狹疎密耳。即從俗說而姑存中學西學之名，則夫慮西學之盛之妨中學，與慮中學之盛之妨西學者，均不根之說也。中國今日實無學之患，而非中學西學偏重之患。京師號學問淵藪而通達誠篤之舊學家，屈十指以計之，不能滿也。其治西學者不過爲羔雁禽犢之資，其能貫串精博，終身以之如舊學家者，更難舉其一二。風會否塞，習尚荒落，非一日矣。余謂中西二學盛則俱盛，衰則俱衰，風氣既開，互相推助。且居今日之世，講今日之學，未有西學不興而中學能興者，亦未有中學不興而西學能興者。特余所謂中學，非世之君子所謂中學，所謂西學，非今日學校所授之西學而已。治《毛詩》、《爾雅》者，不能不通天文博物諸學，而治博物學者，苟質以詩騷草木之名狀而不知焉，則于此學固未爲善，必如西人之推算日食，證梁虞劇唐一行之說，以明《竹書紀年》之非僞。由《大唐西域記》以發見釋迦之支墓斯爲得矣。故一學既興，他學自從之。此由學問之事，本無中西；彼鰓鰓焉慮二者之不能並立者，眞不知世間有學問事者矣。顧新舊中西之爭，世之通人率知其不然。惟有用無用之論，則比前二說爲有力。余謂凡學皆無用也，皆有用也。歐洲近世農工商業之進步，固由於物理化學之興，然物理化學高深普徧之部與蒸氣電信有何關係乎？動植物之學，所關於樹藝畜牧者幾何？天文之學，所關於航海授時者幾何？心理社會之

學，其得應用於政治教育者亦尟。以科學而猶若是，而況于史學、文學乎。然自他面言之，則一切藝術悉由一切學問出，古人所謂不學無術，非虛語也。夫天下之事非由全不足以知曲，非致曲不足以知全，雖一物之解釋，一事之決斷，非深知宇宙人生之眞相者不能爲也。而欲知宇宙人生者，雖宇宙中之一現象，歷史上之一事實，亦未始無所貢獻，故深湛幽渺之思學者，有所不避焉。迂遠繁瑣之譏學者，有所不辭焉。事物無大小，無遠近，苟思之得其眞，紀之得其實，極其會歸皆有裨于人類之生存福祉。己不竟其緒，他人當能竟之。今不獲其用，後世當能用之。此非苟且玩愒之徒所與知也。學問之所以爲古今中西所崇敬者，實由於此。凡生民之先覺，政治教育之指導，利用厚生之淵源，胥由此出，非徒一國之名譽與光輝而已。世之君子可謂知有用之用，而不知無用之用者矣。(《觀堂別集》卷四〈國學叢刊序〉)

二、論宋代之學

　　先生論宋代之學，以爲方面最多，進步最著。其在哲學，始則有劉敞、歐陽修等，脫漢唐舊注之桎梏，以新意說經，後乃有周敦頤、程顥、程頤、張載、邵雍、朱熹諸大家，蔚爲有宋一代之哲學。其在科學，則有沈括、李誡等，於曆數物理工藝，均有發明。在史學則有司馬光、洪邁、袁樞等，各有龐大之著述。在繪畫，則董源以降，始變唐人畫工之畫，而爲士大夫之畫。在詩歌，則兼尚技術之美，與唐人尚自然之美者，蹊徑迥殊。考證之學，亦至宋而大盛，故天水一朝人智之活動，與文化之多方面，前之漢唐，後之元明，皆所不逮也。然要其近世發生絕大影響者，厥爲金石學。先生曰：

　　宋代學術，方面最多，進步亦最著。其在哲學，始則有劉敞、歐陽修等，脫漢唐舊注之桎梏，以新意說經，後乃有周（敦頤）、程（顥）、程（頤）、張（載）、邵（雍）、朱（熹）諸大家，蔚爲有宋一代之哲學。其在科學，則有沈括、李誡等，於曆數物理工藝，均有發明。在史學，則有司馬光、洪邁、袁樞等，各有龐大之著述。在繪畫，則董源以降，始變唐人畫工之畫，而爲士大夫之畫。在詩歌，則兼尚技術之美，與唐人尚自然之美者，蹊徑迥殊。考證之學，亦至宋而大盛，故天水一朝人智之活動，與文化之多方面，前之漢唐，後之元明，皆所不逮也。近世學術多發端於宋人，如金石學，亦宋人所創學術之一，

宋人治此學，其於蒐集、著錄、考訂、應用各面，無不用之，不百年間，遂成一種之學問。……金石之學，創自宋代，不及百年，已達完成之域，原其進步所以如是速者，緣宋自仁宗以後，海內無事，士大夫政事之暇，得以肆力學問。其時哲學、科學、史學、美術各有相當之進步，士大夫亦各有相當之素養，賞鑒之趣味，與研究之趣味，思古之情，與求新之念，互相錯綜，此種精神，於當時之代表人物蘇（軾）沈（括）黃（庭堅）黃（伯思）諸人著述中，在在可以遇之。其對古金石之興趣，亦如其對書畫之興味，一面賞鑒的，一面研究的也。漢唐元明時人之於古器物，絕不能有宋人之興味，故宋人於金石書畫之學，乃陵跨百代。近世金石之學復興，然於著錄考訂，皆本宋人成法，而於宋人多方面之興味，反有所不逮，故雖謂金石學爲有宋一代之學，無不可也。（北京歷史學會講演稿）

三、論清代之學

先生論有清三百年學術，凡經三變，國初一變，乾嘉一變，道咸以降又一變也。先生以爲國初之學大，乾嘉之學精，道咸以降之學新。目光如炬，爲後世之治清代學術思想者，闢一蹊徑。先生曰：

國初一變也，乾嘉一變也，道咸以降一變也。順康之世，天造草昧，學者多勝國遺老，離喪亂之後，志在經世，故多爲致用之學。求之經史，得其本源，一掃明代苟且破碎之習，而實學以興。雍乾以後，……士大夫得肆意稽古，不復視爲經世之具，而經史小學專門之業興焉！道咸以降，涂轍稍變，言經者及今文，考史者兼遼金元，治地理者逮四裔，務爲前人所不爲。雖承乾嘉專門之學，然亦逆睹世變，有國初諸老經世之志。故國初之學大，乾嘉之學精，道咸以降之學新。

先生論有清三百年學術，以爲國初之學創於亭林，乾嘉之學創於東原、竹汀，道咸以降則推沈曾植。蓋先生於沈氏七十壽慶，爲撰壽序一篇，暢論清三百年學術變遷之跡，於沈氏推崇備至，兼由此可窺學術與世變之關係，予後世治學術史者有莫大之啓迪。先生曰：

國初之學創於亭林，乾嘉之學創於東原、竹汀，道咸以降之學，乃二派之合，而稍偏至者，其開創者仍當於二派中求之焉！蓋嘗論之，亭林之學，經世之學也，以經世爲體，以經史爲用。東原、竹汀之學，

經史之學也，以經史爲體，而其所得，往往禆於經世也。蓋一爲開國之學，一爲全盛時之學，其塗術不同，亦時勢使之然也。今者時勢又劇變矣，學術之必變，蓋不待言。世之言學者，倀倀無所歸，顧莫不推嘉興沈先生，以爲亭林、東原、竹汀儔也。先生少年，固已盡通國初及乾嘉諸家之說，中年治遼金元三史，治四裔地理，又爲道咸以降之學，然一秉先正成法，無或逾越。其於人心世道之污隆，政事之利病，必窮其原委，似國初諸老；其視經史爲獨立之學，而益探其奧窔，拓其區宇，不讓乾嘉諸先生。至於綜覽百家，旁及二氏，一以治經史之法治之，則又爲自來學者所未及，若夫緬想在昔，達觀時變，有先知之哲，有不可解之情，知天而不任天，遺世而不忘世，如古聖哲之所感者，則僅以其一二見於歌詩，發爲口說，言之不能以詳，世所得而窺見者，其爲學之方法而已。夫學問之品類不同，而其方法則一，國初諸老，用此以治經世之學，乾嘉諸老，用之以治經史之學，先生復廣之以治一切諸學，趣博而旨約，識高而議平，其憂世之深，有過於龔、魏，而擇術之愼，不後於戴、錢，學者得其片言，具其一體，猶足以名一家，立一說，其所以繼承前哲者以此，其所以開創來學者亦以此，使後之學術，變而不失其正鵠者，其必由先生之道矣。

四、論近世學人之敝

　　先生著書立說，恥於因襲，而勤於修訂。凡有考證，必廣徵博引，期於至正。爲人爲學均極忠實嚴謹，於治學之不忠實，尤深惡之。其論戴東原之學曰：

　　　　東原學問才力，固自橫絕一世，然自視過高，騖名亦甚，其一生心力專注於聲音、訓詁、名物、象數，而於六經大義所得頗淺，晚年欲奪朱子之席，乃撰《孟子字義疏證》等書，雖自謂欲以孔孟之說還之孔孟，宋儒之說還之宋儒，顧其書雖力與程朱異，而亦未嘗與孔孟合，其著他書，亦往往述及其所自得，而不肯言其所自出。……以東原之厚誣《大典》觀之，則所引歸本疑亦僞託也。凡此等學問上可忌可恥之事，東原胥爲之而不顧，則皆由氣矜之一念誤之。至於掩他人之書以爲己有，則實非其本意，而其迹則與之相等。平生尚論古人，雅不欲因學問之事傷及其人之品格，然東原此書，方法之錯誤，實與其性

格相關，故綜論及之，以爲學者誡。當知學問之事，無往而不當用其忠實也。(《觀堂集林》卷十二，〈聚珍本戴校水經注跋〉)

先生論及近世學人之敝有三，費行簡《觀堂先生別傳》曰：

其論近世學人之敝有三：損益前言，以申己說，一也；字句偶符者引爲塙據，而不顧篇章，不計全書之通，二也；務矜創獲，堅持孤證，古訓晦滯，蔑絕剖析，三也。必瀹三陋，始可言考證，考證之學精大，則古義、古制日以發明，次亦可董理群書。(《王觀堂先生全集》十六冊)

由上觀之，可知靜安先生治學、律己甚嚴，著作之事尤惡掩蓋他書，據爲己有；亦惡以單文孤證，遂著其說，故梁任公稱其每治一業，恆以極忠實、極敬愼之態度行之，有絲毫不自信，則不以著諸竹帛，有一語爲前人所嘗道者，輒棄之，懼蹈勦說之嫌，以自點污。蓋其治學之道術所蘊蓄者如是，故以治任何專門之學，無施不可，而每有所致力，未嘗不深造而致其極也。

五、論爲學治事三大境界

先生《人間詞話》有三境界說，其言曰：

古今之成大事業、大學問，必經過三種境界：「昨夜西風凋碧樹，獨上高樓，望盡天涯路。」此第一境也。「衣帶漸寬終不悔，爲伊消得人憔悴。」此第二境也。「眾裡尋他千百度，驀然回首，那人卻在燈火闌珊處。」此第三境也。

先生三境界說，係本之晏殊、柳永、辛棄疾詞，連綴之而自造新意。此三種境界，靜安先生雖未明言，而度其涵意，或即《大學》上所云：「知其所止」、「安而後能慮」、「慮而後能得」之三種層次，亦即「安而行之」、「利而行之」、「及其成功一也」之爲學治事方法，惟先生措意含藏似不經心，而深究體察，則一切又若桴鼓之相應，此先生之學所以豐偉也。

第五節　王靜安先生之學術貢獻

王靜安先生曰：「余畢生惟與書冊爲伴，故最愛而最難捨去者，亦惟此耳。」先生一生不交權貴，不慕榮華，雖曾因允升之薦，任職於遜帝宣統之朝，然先生自幼至老，終其生不離書冊，實不失爲一超然之學者。

　　先生之學，博大精深，幾無涯涘，生平無論治任何一業，經其精勤鑽研，莫不有點石成金之效。先生早年治西洋哲學、治文學，中年轉治甲骨、金文、漢晉木簡、敦煌書卷、古器物、古史之學，晚年轉治西北史地之學，均有深詣之創獲，先生學術貢獻卓著，求諸近三百年，罕有其匹。

　　綜觀先生之學術貢獻，其於西洋哲學有介紹譯述之功，文學創作之人間詩詞於近代作家頗能獨樹一幟，《人間詞話》及〈紅樓夢評論〉為我國現代文學批評之佳構，其《宋元戲曲史》之撰著，實為空前之作，一空依傍，前無古人，戲曲之有史，蓋始自先生，先生當為戲曲學不祧之祖。

　　先生精通小學，貫通文字、聲韻、訓詁之學，其治甲骨、金文、古器物之學，不僅在於文字之考釋，乃在於應用地下之材料與紙上之材料互相印證，遂使古文字之學與古史之研究相互結合。先生鑿通文字，已建奇功，證實殷史，更見偉大。

　　敦煌、簡牘之學，已成今日之顯學，先生雖未有大成，然開創之功，實不可沒。晚年治西北史地，雖無系統成帙之作，亦見草萊開闢之功。繆鉞曰：「海寧王靜安先生為近世中國學術史上之奇才，學無專師，自闢戶牖，生平治經史、古文字、古器物之學，兼及文學史、文學批評，均有深詣，而能開新風氣，詩詞駢散文亦無不精工，其心中如具靈光，各種學術，經此靈光所照，即生異彩，論其方面之廣博，識解之瑩徹，方法之謹密，文辭之精深，一人而兼數美，求諸近三百年，殆罕其匹。」繆鉞之言，可為天下之公論，茲依先生治學之先後，略述先生學術之貢獻。

一、哲　學

　　先生早歲精研西洋哲學，尤醉心於康德、叔本華、尼采之學說，先生與嚴復先生同時介紹西洋哲學於中國，所不同者，嚴氏介紹英國哲學，先生所介紹者乃為德國之哲學，先生於哲學之研究，雖不能自立門戶，成一家之言，但亦有相當之貢獻，至於先生因精研哲學，而奠定其科學之治學方法，又為先生沈潛西方哲學之一附帶收穫。先生於哲學之重要貢獻，約有下列三事：

（一）於西洋哲學有介紹譯述之功，為最早介紹德國哲學於中國之學者。

（二）創以西洋哲學評論中國文學之始，所撰〈紅樓夢評論〉，其立足點即在於叔本華哲學，以現代哲學、美學、心理學、倫理學之觀點，予我國此一文學名著極深刻之批判。

（三）以康德之知識論，批判古來性善性惡之矛盾，以為性之為物超乎吾人知識之外，性既非得之於先天，亦非得之於後天之知識，歷來論者皆從經驗上立論，故所論必自相矛盾。

二、文 學

先生自三十歲至三十五歲之間，專力於文學創作與文學批評，先生之文學見解與胡適之文學改良芻議之見解有不謀而合之處，先生論一代有一代之文學，與胡適之文學歷史論「一時代有一時代之文學」相合；先生主張「不為美刺投贈之篇，不使隸事之句，不用粉飾之字。」反對「模倣之文學」，主張文學作者「感自己之感，言自己之言」，不可「感他人之感，言他人之言」，與胡適之所倡之八不主張、四項主張相合。吳文祺譽之為文學革命之先驅者，誠非溢美之言。先生於文學之具體貢獻如下：

（一）人間詩詞之作，清邃淵永，於近代作家中，頗能獨樹一幟。

（二）《人間詞話》，精瑩澄澈，為文藝批評之上品。

（三）〈紅樓夢評論〉，創以西洋文學原理評論我國傳統小說，為繼《文心雕龍》、《詩品》之後，又一文學批評佳構。

（四）《宋元戲曲史》，蓋先生綜論生平論曲之恉而集大成者，先生為第一位研究宋元戲曲史之學者，戲曲之有史，蓋起自先生，先生當為戲曲史不桃之祖。

三、甲骨學

我國殷虛甲骨文字之研究，瑞安孫仲容有篳路藍縷之功，稍後治甲骨文字者，上虞羅振玉則有搜集流通之功，而集其大成，並創以殷虛甲骨文字考證古史者，當推海寧王靜安先生。先生研究甲骨學之重要貢獻如下：

（一）發明甲骨綴合之法，以考定殷代之先公先王世系，為研究古史之一大發明。

（二）考證殷代先公先王之世系，為上甲、報乙、報丙、報丁，而非《史記》、《漢書》所記之報丁、報乙、報丙之順序，確證上甲以下諸人名，得以糾正二千餘年《史記》諸書之訛誤。

（三）以殷虛遺物證明《史記・殷本紀》、〈三代世表〉、《漢書・古今人表》之「振」，《楚辭・天問》「該秉季德」之「該」，《呂覽・勿躬篇》「王氷

作服牛」之「王氷」，《世本》作篇「胲作服牛」之「胲」，〈帝繫篇〉之「核」，實同卜辭之「王亥」，古籍中之垓、核、該、胲均其誤字，其後又訛為冰，或訛為振，足以訂正古籍及《史記》之訛誤。

（四）重建殷商之信史。先生生當疑古風氣盛行之時代，其發明以地下材料之甲骨金文以補正紙上材料之二重證據法，用以研究古史，證實《史記》所記大致可信，重建殷商之信史，居功甚偉。

四、金石學

　　金石之學，興盛於宋代，中衰於元明，復興於清代。清之中葉，自阮元、王昶、馮雲鵬、祁書齡，以迄吳式芬、吳大澂諸家所著錄之鐘鼎彝器，約四倍於宋人，後又有瑞安孫比部仲容治金文達四十年，考證嚴謹，創獲更多。王靜安先生因得羅振玉之助，其金石學之研究又超邁前賢，所檢校、所考訂之金石彝器，非一般學者所能望其項背。

　　先生治金石之學，重科學驗證之精神，其金文著錄表及金石韻讀之撰著，示吾人治金石之津梁；其鐘鼎彝器之考釋，不僅考釋其文字，並考證諸古史地，求其實物與歷史、地理相結合；其禮器之研究，皆能瞭解其製作與使用，並糾正前賢之違失，千年以來研究金石之學者，未有如先生有如此卓越之貢獻者。茲就其重要著作，述其貢獻如下：

（一）《宋代金文著錄表》、《清代金文著錄表》及《兩周金石韻讀》之作，及〈毛公鼎考釋序〉，示國人治金石之途徑，金針度人，啓迪後學者從事此方面之研究，十分可貴。

（二）〈古禮器略說〉之撰述，明「散」為「𣂪」之訛，「乙類匜」之為「觥」，「盉」為調酒器而非調味器，「彝」為禮器之總名，釐訂彝器名稱，糾正前修譌誤，貢獻卓著。

（三）漢魏石經之經數、石數，歷來眾說紛紜，先儒均不得其詳，至靜安先生之研究乃有定論。

（四）兵符之研究，先生跋文之作，或考其制度，或辨其時代，或定其缺文，或明其真偽，於古兵符之考證，頗具貢獻。

五、文字學

　　王靜安先生一代之大師也，生平無論治經學、史學、古器學，均能深造

自得，其根基即在於先生精通文字、聲韻、訓詁之學。羅振玉論其學云：「蓋君之學，實由文字、聲韻以考古代之制度文物。」先生指導後學亦必以「必先通《說文》，而治《詩》、《書》、《三禮》」之語相告。

先生於文字學之重大發明，乃爲打破史籀造字之說。史籀造字之說，數千年來已深入人心，至先生撰〈史籀篇疏證〉，乃從聲音訓詁上證明史籀並非人名，籀當作讀字解，〈史籀篇〉首句當作「大史讀書」，史籀既非人名，則造字之說，自屬無稽之談。先生又從古書之著錄、文字之形體，證明「戰國時秦用籀文，六國用古文。」先生之說若能成立，實爲近代文字學研究之一大突破。

先生於聲韻之學，著述甚豐，其較具創見者爲「五聲說」，所謂五聲即是「陽類一，與陰類之平上去入四是也。」五聲說能否成立，雖在存疑之列，然先生此說固不失爲一有價值之假設。

先生於訓詁學之研究，其重要者有三：一爲《爾雅草木蟲魚鳥獸釋例》之撰著，二爲詩書中成語之研究，三爲《方言》郭注例之研究。其中又以《爾雅草木蟲魚鳥獸釋例》最爲重要，蓋《爾雅》一書，爲通雅俗古今之名而作，然自釋草木以下七篇，古今學者均苦於艱澀難讀，自先生《釋例》一出，而可讀者已過半矣。

六、簡牘學

簡牘學，今日之顯學也，近世簡牘之發現，最有名者爲清光緒三十四年英人斯坦因所發現之漢晉簡牘，其所獲簡牘委請法國沙畹博士代爲研究，參與研究者尙有沙畹之弟子馬伯樂及英人泰德萊等人。國人之研究，以羅振玉與王靜安先生首開風氣，其所合撰之《流沙墜簡》，殆爲國人首部有關簡牘學方面之著述。

先生又有〈敦煌所出漢簡跋〉十四首，及〈簡牘檢署考〉之撰著，其中〈簡牘檢署考〉爲近代簡牘研究之重要著作，先生論簡冊之別及其編法，論印鑰之由來、簡牘之長短、封緘之法並及封泥之考證，超邁奮力，創獲良多，既超越前修沙畹博士，復啓迪後學於無窮。先生之論述皆語有所本，信而有徵，如論「周末以降，經書之策，皆用二尺四寸。」蓋本之鄭玄、孔穎達、王充、蔡邕、荀勗諸家之說。先生此書一出，簡牘形制乃有定律，其後馬衡、傅振倫、劉國鈞、陳夢家、錢存訓諸家，均從靜安先生之說，本書貢獻於學

界，影響於後來者，可謂至深且鉅矣。今日簡牘之學，較靜安之時更形發達，後出轉精，自屬當然，然先生篳路藍縷之功，終不可沒也。

七、敦煌學

先生生逢新學問發現之時代，躬逢敦煌石室發現之時，爲我國早期敦煌學之研究學者，敦煌卷軸之研究專著，見於《觀堂集林》跋文二十四篇。其重要成就如下：

（一）韻書寫本研究，撰有〈書巴黎國民圖書館所藏唐寫本切韻後〉及〈書吳縣蔣氏藏唐寫本唐韻後〉，前文雖有以英倫所藏誤以爲巴黎所藏之失，然其考證陸法言事迹頗爲精塙，後文舉八證以證蔣伯斧所藏唐寫本確爲孫愐之書，而非陸法言《切韻》原本，此二文之撰作於韻書寫本之研究，頗具貢獻。

（二）史部寫本研究，有唐代職官令及敦煌戶籍之研究，據Ｓ・一八八〇號唐寫本殘職官書撰〈唐寫本殘職官書跋〉，據Ｓ・五一四號撰成〈敦煌縣戶籍跋〉，據Ｓ・四一七五、Ｓ・四一七二撰〈宋初寫本燉煌縣戶籍跋〉。

（三）子部寫本研究，有〈老子化胡經殘卷跋〉、〈食療本草殘卷跋〉、〈靈棋殘卷跋〉、〈兔園策府殘卷跋〉及〈太公家教跋〉之作。

（四）集部寫本研究之撰作有三：一爲韋莊〈秦婦吟〉之研究，爲我國正式研究敦煌學所作校勘之始，二爲《雲謠集》雜曲子之研究，三爲唐人小說斷片之研究，所據殘卷爲唐太宗入冥記殘卷。

（五）佛教文物研究，所撰跋文有二：一爲〈唐寫本大雲經疏跋〉，一爲〈唐寫本摩訶般若波羅密經殘卷跋〉。

綜觀先生敦煌學之研究，雖無系統成帙之作，但其開創之功，實不可沒。

八、史　學

王靜安先生一生之學，除三十歲以前，專力於文學、哲學，並譯有法學通論、辯學、心理學概論等作，中年偶作詩詞美文外，其一生全部精力，可謂皆貫注於史學之中，故靜安先生之著作，以史學爲最，其貢獻於學界者，又以史學爲多。其重要貢獻如下：

（一）創以甲骨文字考證古史：殷虛甲骨文字發現於清光緒二十四、五年之間，丹徒劉鶚首爲之著錄，瑞安孫詒讓首爲之考釋，二氏於甲骨文字之研究，

皆有篳路藍縷之功，而創以殷虛甲骨文字考證古史者，則始自先生，後世應用甲骨文字，參考舊時文獻，以考證古史，亦皆先生有以啓之。

（二）發明二重證據法治古史：「二重證據法」爲先生研究古史之重大發明，其法揭示於《古史新證》中，所謂二重證據法，即是取地下材料與紙上材料互證古史之法，先生應用此法，補正史志之違失，重建殷商之信史，爲古史研究開闢一嶄新之途徑。

（三）訂正《史記》之譌誤：殷之先公自上甲微以下，《史記・殷本紀》及〈三代世表〉均以報丁、報乙、報丙、主壬、主癸爲序，先生於卜辭中發現二折片，合之，其文爲「乙未酒茲品上甲十、報乙三、報丙三、報丁三、主壬三、主癸三、大丁十、大甲十。」確證殷代先公上甲以下諸人名應以報乙、報丙、報丁、主壬、主癸爲序。據此確證上甲以下諸人名，得以糾正二千餘年《史記》諸書之誤。

（四）考證商周之制度：我國近代學者以古文字考證古史者，先有孫詒讓著《名原》，據古文字考定周代制度，以補《周禮正義》之闕，而成就最著者爲靜安先生。先生所著〈殷卜辭中所見先公先王考〉及〈殷周制度論〉，爲考證古史兩篇劃時代之大著作。〈先公先王考〉以殷虛實物證實《楚辭天問》「該秉季德」之該，《呂覽・勿躬篇》「王冰作服牛」之王冰，世本「胲作服牛」之胲，〈帝繫篇〉之核，《史記・殷本紀》及〈三代世表〉之振，實同爲卜辭中「王亥」之訛。殷代帝王世系方面，證實《史記・殷本紀》所記大致可信。〈殷周制度論〉證實嫡庶之制始於周初，進而說明周之宗法、喪服、封子弟、尊王室之制，認爲殷周之際乃爲「舊制度廢而新制度興，舊文化廢而新文化興」之時代，故夏殷間政治與文物之變革，均不若殷周間之劇烈。先生古代民族有東西兩系之說，影響古史界極大。

（五）重建殷商之信史：先生生當疑古風氣盛行之世，其運用二重證據法研究古史，證明《史記》之爲實錄，其重建殷商之信史，喚醒極端疑古人士好以神話解說古史者之迷夢，厥功頗偉。

九、西北史地

我國自滿清嘉道以還，門戶洞開，不僅沿海各地爲列強所窺伺，虎視眈眈之帝俄，亦不斷侵略我西北地區，外來之侵略遂刺激我學界競起於西北史地之研究，先生適逢其會，於西北史地亦有深刻之研究與精確之考證。

　　先生所校注之史料，有〈蒙韃備錄箋證〉一卷、〈黑韃事略箋證〉一卷、〈聖武親征錄校注〉一卷、〈長春眞人西遊記校注〉二卷，單篇考證有〈萌古考〉、〈黑車子室韋考〉、〈西遼都城虎思斡耳朵考〉、〈韃靼考〉、〈金界壕考〉、〈南宋人所傳蒙古史料考〉、〈元朝祕史之主因亦兒堅考〉、〈蒙古札記〉等篇。

　　先生以上諸作，於蒙古史及西北地理之研究，已開其端，惜因早逝，未能入其堂奧，有所大成，然其示吾人研究西北史地之途徑，亦十分可貴。

　　以上略論先生哲學、文學、甲骨、金石、文字、簡牘、敦煌、史學、西北史地之貢獻，由此可窺先生治學之精勤，學術貢獻之卓著豐偉也。

第二章　王靜安先生之生平及交遊

第一節　王靜安先生之生平

一、家　世

　　靜安先生，初名國楨，後改名國維，字靜安，亦字伯隅，初號禮堂，晚以所居命名曰永觀堂，因更號觀堂，又號永觀。生於清德宗光緒三年，西元1877年12月3日（丁丑年十月二十九日），卒於民國16年，西元1927年6月2日（丁卯年五月初三日），享年五十有一歲，爲中國近三百年學術之結束者，又爲中國最近百年新學術之開創者。

　　先生先世原籍開封，遠祖稟，於宋欽宗靖康元年以副都總管守太原，城陷殉難，追諡忠壯公，贈安化郡王，其孫沆隨高宗南渡，贈第鹽官，子孫遂定居海寧。

　　浙江海寧文風鼎盛，先生高祖以下皆以儒學傳家，先生日後成爲我國學術界之泰斗，與海寧文風大有關係。父乃譽公，字與言，號蕈齋，遭逢洪楊之亂，棄儒業商，於貿易之暇，頗攻治書畫篆刻及詩古文辭，尤以畫最工，爲時人所稱道。生母凌氏，生一子一女，先生四歲之年，凌氏病卒，長姊蘊玉亦年僅九歲，端賴祖姑母范氏及叔祖母提攜撫養，以至成年。繼母葉氏，生一子，名國華。

　　先生娶妻莫氏，生子三人，長子潛明，次子高明，三子貞明（今住台灣台北市）。莫氏早卒，繼娶潘氏，育有三子五女，子曰紀明、慈明、登明，女曰明珠、東明（今在台，住永和）、松明、通明、端明。

先生幼年既乏母愛，又乏雁行之樂，家境窘困，營養欠佳，及長，常患足疾，身高不足一米五，居恆抑鬱，於西洋哲學頗喜叔本華之說，時有悲觀厭世之思。

先生體素羸弱，性復憂鬱，然其治學嚴謹，一反其體弱多病之軀，每治一業，恆以極忠實、極敬慎之態度行之，有絲毫不自信，則不以之著諸竹帛，有一語為前人所嘗道者，輒棄去之，懼蹈勦說之嫌以自點污，先生羸弱之軀體中自有傳統儒家強者之風，故凡先生用力之所在，皆能臻深造自得之境。

先生因子女眾多，迫於生計，中年以後，常賴兼職以貼補家用，然所兼之事，皆與學問有關，故能成就其一生不朽之學問，晚年任教清華園，其所裁成之弟子，如趙萬里、徐中舒、王了一、戴家祥、吳其昌、羅根澤、姚名達、朱芳圃、藍文徵、劉紀澤、余永梁、劉盼遂、陸侃如、衛聚賢、周傳儒等人，均為國內知名之學者。

二、求學生活

先生之求學生活，可分二階段，居海寧故里治舉子業，奠定舊學深厚之根基，為第一階段。二十二歲，至上海，半工半讀，就讀於東文學社，治西方哲學及外國語文，為第二階段。此二階段之求學生活，前段為舊學之研讀，後段為新學之研究，先生日後之學貫中西，譽滿國際，實得力於先生求學階段之勤奮苦讀。

先生自幼聰穎過人，親友鄉里，無不交相讚譽。六、七歲入私塾從陳壽田、潘綏昌兩經師受業，讀經，治舉子業，晚自塾歸，輒發家中藏書，獨自泛覽，父乃譽公又親授駢文、散文、詩詞，皆能背誦，十六歲以前，已讀畢四書、五經、三傳，亦皆能成誦，有良好之國學根基。十六歲入州學，文名噪於鄉里，喜讀《史》、《漢》、駢文，於《四史》、《文選》、唐宋古文、《通鑑》皆通曉。與同郡褚嘉猷、葉宜春、陳守謙三人，上下議論，搜隱闡微，互以發明，鄉里人稱之為海寧四才子。十八歲之年，值中日戰爭，朝野痛心國難，康有為諸人屢次上書，力陳變法之重要，有「考求中外勢，救國決更張，進御新書本，培才大學堂」之主張，言論疏章，海內報刊爭相引載。是年，先生應鄉舉不中，閱三年，年二十一，再赴杭州應試，又不中，父乃譽公示以康梁疏論，大為傾服。此時國內有識之士，莫不仰慕西洋之學，有錢者過東洋，無錢者走海上，已蔚成風尚，先生受此時代風潮之影響，遂萌出外遊學之熱望。

二十二歲，靜安先生束裝來上海，因同學許默齋之薦，至錢塘汪康年穰鄉主辦之時務報館掌書記校讎之役，適逢羅振玉創東文學社於新馬路之梅福里，先生請於報館館主汪康年，日以午後三小時往學焉，時社中教師有日人藤田豐八、田岡佐代治，先生從之習英文、日文，兼及倫理學、哲學、心理學，尤好康德之先驗論、尼采之超人論、叔本華之悲觀厭世論。

先生海上之行，其最大之收穫，乃與羅振玉之結識，因而成就其一生之事業。先生初就讀東文學社之時，羅振玉亦未識先生，後偶於同舍生扇頭讀靜安先生所撰題之詠史詩七言絕句一首：

> 西域縱橫盡百城，張陳遠略遜甘英。
>
> 千秋壯觀君知否，黑海西頭望大秦。

羅氏見先生所題詩乃大異之，遂拔之於儕類之中，為贍養其家，俾得力學，無內顧之憂，先生之知學問途徑，以至發奮成名家，實皆羅氏有以啟迪之。

先生於東文學社二年有半，從藤田豐八、田岡佐代治習東西語文及科學，二君皆治哲學，先生日後之醉心哲學，純受二君之影響。

光緒二十六年，先生二十四歲，是年拳亂發生，七月，八國聯軍陷天津，八月陷北京，德宗及慈禧太后走西安，學社因兵事解散。翌年，羅氏助先生以川資，使之留學日本，入東京物理學校（今東京理科大學），因藤田之勸專修理科，晝習英文，夜習數學。先生入學以後，既苦幾何學之難解，數月後又病腳氣，遂於壬寅夏返國。此後二年，先生專力於哲學之研究，讀翻爾彭之《社會學》、及文《名學》、海甫定《心理學》、巴爾善《哲學概論》、文特爾彭《哲學史》等書，以為通康德、叔本華哲學之梯階。此數年間，先生體弱多病，常為足疾所苦，所為詩詞，多為悲觀厭世之作。二十七歲作〈書古書中故紙〉詩：

> 昨夜書中得故紙，今朝隨意寫新詩。
>
> 長捐篋底終無恙，此入懷中便足奇。
>
> 黯淡誰能知汝恨，沾塗亦自笑余癡。
>
> 書成付與爐中火，了卻人間是與非。

詩中借故紙以喻人生，頗有視自殺為痛苦人生之惟一解脫。

先生二十八歲，撰〈紅樓夢評論〉，其立足點即在叔本華學說。二十九歲刊行《靜安文集》，集中文章仍多以叔本華哲學為根據。是時，我學術界所傾慕於西學者，乃生光化電之自然科學、盤堅礮利之西洋兵器，絕少有哲學、

文學之趣味，獨先生於舉國對德國哲學茫然無知之際，首爲之介紹，遂使枯乾之學術界，增添無限之生機。

三、入京生活

丙午年，先生三十歲。是年正月，羅振玉爲學部尚書榮慶奏調，入爲學部參事，先生隨之北上。翌年，羅氏薦先生於尚書榮慶，命在學部總務司行走，充學部圖書局編輯，主編譯及審定教科書等事。

先生入京以來，始治宋元以來通俗文學，而殫瘁於宋之詞、元之曲。先生何以由哲學而轉治文學，其一爲哲學之厭倦。自序二云：

> 余疲於哲學有日矣，哲學之說，大都可愛者不可信，可信者不可愛。……知其可信而不能愛，覺其可愛而不能信，此近二、三年中最大之煩悶，而近日之嗜好所以漸由哲學而移於文學，而欲於其中求直接之慰藉者也。

先生所謂求直接之慰藉者，蓋以三十一歲之年，六月夫人莫氏病故，十二月繼母葉太夫人病卒於家。先生中年喪偶，年來家中遭逢大故，時長子潛明甫九歲，次子高明方六歲，三子貞明尚不足三歲，三子年幼皆待哺育，先生心靈之哀痛，可想而知。

先生自三十歲隨羅振玉入京，至三十五歲，此六年間專於詞曲之研究。光緒三十二年三月，先生集近二、三年所填詞而刊之，名爲《人間詞甲稿》。翌年十月，又集此一年間所爲詞，名曰《人間詞乙稿》，皆託名樊志厚之序，先生於詞自負甚高，自謂雖所作不及百闋，然自南宋以來，除一、二人外，尚未有能及者。

庚戌年，年三十四，先生撰成《人間詞話》，論詞獨標舉境界二字，謂：「有境界自成高格，自有名句，五代、北宋之詞，所以獨絕者在此，而境非獨謂景物，喜怒哀樂，亦人心中之一境界，故能寫眞景物、眞感情者，謂之有境界，否則謂之無境界。」

此其間，先生因填詞之成功，而有志於戲曲，著有《曲錄》六卷、《戲曲考原》一卷、《宋大曲考》一卷、《優語錄》二卷、《古曲腳色考》一卷，而先生所最愜意者，莫如癸丑年六月所撰成之《宋元戲曲史》，蓋綜先生生平論曲之恉而集其大成者也。其自序云：

> 凡一代有一代之文學，楚之騷、漢之賦、六代之駢語、唐之詩、宋

之詞、元之曲，皆所謂一代之文學，而後世莫能繼焉者也。獨元人
之曲，爲時既近，託體稍卑，故兩朝史志與四庫集部，均不著錄，
後世碩儒，皆鄙棄不復道，而爲此學者，大率不學之徒，即有一二
學子以餘力及此，亦未有能觀其會通，窺其奧窔者，遂使一代文獻，
鬱堙沈晦者且數百年，愚甚惑焉。

又云：

> 世之爲此學者自余始，其所貢於此學者，亦以此書爲多，非吾輩才
> 力過於古人，實以古人未嘗爲此學故也。

先生此數年間日常之生活，處處表現空虛、寂寞、無可奈何之境遇，然其學
術研究，正因尋求精神之慰藉，而有豐偉之成就。

四、留日生活

　　辛亥年，先生年三十五歲，八月十九日（十月十日），武昌革命一舉成功，
我國父所締造之中華民國遂告誕生。是時，羅振玉掛冠神武門，避地東渡，
航海走日本，先生攜家相從，寄居日本京都，與羅振玉全家共居一處。

　　先生東渡日本後，與羅振玉朝夕相處，其治學方面頗受羅氏之影響，於
《宋元戲曲史》完成後，即專力於國學之研究。日本學者狩野直喜〈憶王靜
安君〉曰：

> 中國革命發生，王靜安君攜家與羅叔言同來我國京都，居住了五、
> 六年，在這段時間，他與我經常有往來，從來京都開始，王君在學
> 問上的傾向似有所改變，這是說王君似乎想更新中國經學的研究，
> 有志創立新見解，例如在談話中，我提到西洋哲學，王君總是苦笑
> 著說他不懂西洋哲學，其後從元代雜劇的研究，擴大成《宋元戲曲
> 史》，此書對王君可說是業餘的著述，正如其常謂雜劇的研究，以《宋
> 元戲曲史》爲終結，以後不再研究了，當時王君學問的領域，已另
> 轉了一個方向。（日本《藝文雜誌》第十八年第八號）

先生轉治國學，實得羅振玉之勸誘，羅氏撰先生傳云：

> 初公治古文辭，自以所學根柢未深，讀江子屏《國朝漢學師承記》，
> 欲於此求修學塗徑，予謂江氏說多偏駁，國朝學術實導源於顧炎武
> 處士，厥後作者輩出，而造詣最精者爲戴氏震、程氏易疇、錢氏大
> 昕、汪氏中、段氏玉裁，及高郵二王，因以諸家書贈之。公雖加流

覽，然方治東西洋學術，未遑專力於此。課餘復從藤田博士治歐文，並研究西洋哲學、文學、美術，尤喜韓圖、叔本華、尼采諸家之說，發揮其旨趣，爲《靜安文集》，在吳刻所爲詩詞，在都門攻治戲曲，著書甚多，並爲藝林所推重。至是，予乃勸公專研國學，而先於小學訓詁植其基，並論學術得失，謂「尼山之學在信古，今人則信今而疑古，國朝學者疑《古文尚書》，疑《尚書》孔注，疑《家語》，所疑固未嘗不當，及大名崔氏著《考信錄》，則多疑所不必疑矣！至於晚近，變本加厲，至謂諸經皆出僞造，至歐西哲學，其立論多似周秦諸子，若尼采諸家學說，賤仁義、薄謙遜、非節制，欲創新文化以代舊文化，則流弊滋多。方今世論益歧，三千年之教澤不絕如線，非矯枉不能反經。士生今日，萬事無可爲，欲拯此橫流，舍反經信古莫由也。公年方壯，予亦未至衰暮，守先待後，期與子共勉之。」公聞而憬然，自慊以前所學未醇，乃取行篋中《靜安文集》百餘冊，悉摧燒之，欲北面稱弟子，予以東原之於茂堂者謝之。其遷善徙義之勇如此！公既居海東，乃盡棄所學而寢饋于往予所贈之書，予復盡出大雲書庫藏書五十萬卷，古器物銘識拓本數千通，古彝器及他古器物千餘品，恣公搜討，復與海內外學者移書論學，國內則沈乙盦尚書、柯蓼園學士，歐洲則沙畹及伯希和博士，及東西兩京大學諸教授。每著一書，必就予商體例，衡得失，如是者數年，所造乃益深且醇。（丁戊稿）

先生流寓京都四載有餘，民國五年二月先羅振玉返國，羅氏割藏書十之一贈之，送之神戶，執先生手曰：「以君進德之勇，異日以亭林相期矣！」先生留日期間生活單純，先與羅氏同居一處，後因羅氏人多地仄，乃移居他住，然仍常往返論學，所結交者又爲當代知名之學者，故先生於此四、五年中用功最勤，進境最猛，成書之多，爲一生之冠。

先生留日期間之重要著作，略計之有〈簡牘檢署考〉、〈古劇腳色考〉、《宋元戲曲史》、《明堂廟寢考》、《齊魯封泥集存》、《布帛通考》、《流沙墜簡考釋》、《宋代金文著錄表》、《國朝金文著錄表》、《殷虛書契》、〈鬼方昆夷玁狁考〉、《三代地理小記》、《古胡服考》、《元刊雜劇三十種序錄》、〈古禮器略說〉、〈洛誥箋〉、〈生霸死霸考〉等作。

五、滬上生活

民國五年，四十歲，先生返國，寓上海，應英人哈同之聘，爲廣倉學宭編纂。居上海時與張爾田、孫德謙訂交，時人稱海上三子。此後七年間，又與沈曾植、繆荃孫、柯劭忞、蔣汝藻、劉貞一、況蕙風等過從甚密。

民國六年，先生撰成〈殷卜辭中所見先公先王考〉、〈殷卜辭中所見先公先王續考〉及〈殷周制度論〉，於甲骨學之研究進境甚猛。其後，又兼任哈同所設於愛儷園之倉聖明智大學教授，民國八年，又爲烏程蔣汝藻編撰《密韻樓藏書志》，並擔任《浙江通志》寓賢、掌故、雜記、仙釋、封爵五門之撰述，先生所以另兼職務，實因子女眾多，而經濟窘困之故。

先生居上海之時，常謁沈子培於上海麥根路，質古音韻之學，先生撰〈爾雅草木蟲魚鳥獸釋例〉一文，及日後從事西北史地之研究，皆沈氏有以啓發之。先生於愛儷園中任教五年，時費行簡亦執教其間，二人甚爲相得，課餘之暇，常以質證藝文劇談爲樂，行簡治《禮記》及《公羊》《春秋》，於社祭禘嘗等義，每執以質疑，先生爲之闡發至詳，此外凡聲音訓詁名物象數及金元文字，亦無不研幾窮微，期於至當，行簡極爲折服。先生性情耿介高潔，行簡稱其：「躬行貞潔，篤實踐履。」又云：「平日訥訥若不能言，而心所不爲是者，欲求一頷頷許而不可得，聞人浮言飾說，雖未嘗與其爭辯，而翩然遂行，不欲自污其聽也，其在哈同園，浙督軍皖人某，欲求一見，始終以異語謝之，其介如此，尤嚴於取與，世之名士學者，好以其重名獵人材貨，而實不爲人治一事，君獨深恥之，束修所入，置書籍外，亦時以資恤故舊之困乏者，然不欲人知也。」行簡之言，隱隱托出先生之孤介胸懷。

民國十年，四十五歲，先生選其學術著作，編成《觀堂集林》二十卷，烏程蔣汝藻出資以仿聚珍版爲之刊印行世，且爲之序曰：

> 君書才厚數寸，在近世諸家中著書不爲多，然新得之多，未有如君者也。蓋先生於乾嘉以來紙上之舊學及近時出土之新材料，皆確能探其根本，觀其會通，而數千年來未決之問題，如〈周書〉、〈洛誥〉、〈顧命〉之典制，鬼方、玁狁之地理，明堂、寢廟之制度，以及文字、聲韻之種種問題，先生均一一爲之解釋，其大要皆能發前人所未發，至於人所已言者，先生從不蹈其半語隻字。

民國十一年，先生因胡適之薦，應北京大學之聘，任研究所國學門通信導師，自是斐聲中外，歐日漢學者，莫不奉先生爲學術界之泰斗。

計自民國元年，先生流寓日本至民國五年回國居上海，迄民國十二年北上入京，此十一年間，先生得羅振玉、日本友人、上海諸友及哈同姬覺彌之助甚多。先生因得良師益友之薰，其見識、學識日益擴大，先生又治學精勤，考證精塙，終成甲骨、金石學之鉅子，並世無人能與之頡頏。

六、晚年生活

靜安先生晚年居北平，自民國十二年五月抵京至十六年六月自沈頤和園昆明湖，共計五年之久。

民國十二年，先生四十七歲，遜帝溥儀欽其學術，命在南書房行走，先生乃於五月二十五日束裝自上海由海上北上，行前，在滬朋友設宴餞行，二十八日至天津，三十一日抵北平，六月十八日，家眷來北平，先生即賃宅於地安門內織染局。

民國十三年元月，遜帝命先生可在紫禁城騎馬，命檢昭陽殿書籍，監定內府所藏古彝器。九月二日，羅氏亦奉遜帝溥儀詔命，入值南齋，抵北平，即住先生家。是年，直奉戰起，馮玉祥入都，派鹿鍾麟、張璧，迫令廢帝出宮，靜安先生十二月一日（十一月五日）與日友人狩野直喜書信云：「皇室奇變，辱賜慰問，不勝感激，一月以來，日在驚濤駭浪間，十月九日之變，維等隨車駕出宮，白刃炸彈，夾車而行，比至潛邸，守以兵卒，近段張入都，始行撤去。」是月，先生日在憂患之中，屢欲自殺，爲家人嚴視得免。

民國十四年，先生四十九歲，二月受聘爲清華學校國學研究院教授。清華園中講授「古史新證」、「尚書」、「儀禮」、「說文解字」四門，上課既不遲到，亦不早退。家住西苑與學生宿舍相距二三里，同學凡有質疑請益，必竭誠以告，凡有不知，即說不知，亦不以他詞掩飾，極得學生之信仰。

先生入京之後，其學又爲之一變，轉而專治西北史地，本之「求精確不求廣闊，求專門不求闊通」之治學標準，作有關西北史地重要問題之考證。

民國十五年，五十歲，九月長子潛明病逝，年僅二十有八，子婦即羅振玉次女，羅氏聲言其女不能與姑嫜共處，可在母家替夫守節，隨即攜女南歸。先生晚年喪子，因兒女之事與羅氏不睦，又感時喪亂，心情哀痛，鬱鬱不樂。

民國十六年，國民革命軍北伐，京師風聲鶴唳，草木皆兵，羅振玉第二次攜眷東渡，亦不商之先生，王、羅關係密切，值此緊急時節，羅氏不辭而別，先生感觸獨深。此時適逢北平《世界日報》刊出〈戲擬黨軍到京所捕之

人〉名單，先生之名赫然列諸紙上，同學紛紛走告，先生每見一人，即更增一分痛苦。此時羅氏既已遠渡東洋，新會梁任公正養疴津門，處此無人可商之境，先生內心自是萬分苦悶。六月二日（五月初三日），先生自沈頤和園昆明湖，於衣帶得其遺墨曰：「五十之年，只欠一死。」享年五十一歲，海內外人士，無論識與不識，莫不同聲悲悼，又罔不惜其學而閔其愚，使不即死，其所造於學界未可限量也。

第二節　王靜安先生之交遊

古今以來，凡成大事業、大學問者，必有賴於師友之助，始克有成。《論語》曰：「獨學而無友，則孤陋而寡聞。」是以我國自古以來，即將朋友列爲五倫之一，今日時代日新月異，但其重要性仍是有增無減，有良師益友之啓迪者，其依傍愈厚，而成就愈高。

靜安先生雖生於時局變亂之世，但其一生所遭逢之師友，皆當世最傑出之學者，故益增其切磋琢磨之功，而成就其一生不朽之事業。

先生早年之朋友，有同郡褚嘉猷、葉宜春、陳守謙三人，鄉里人稱爲海寧四才子。陳守謙祭先生文曰：「憶與君之訂交也，在光緒辛卯歲，君年才十五耳！余長君五歲，學問之事自愧弗如。時則有葉君宜春、褚君嘉猷者，皆朝夕過從，商量舊學，里人目爲四才子。」（《王忠愨公哀挽錄》）

影響先生一生最鉅，相處時間最長者，爲羅振玉先生。羅氏浙江上虞人，生於同治五年，卒於民國二十九年，初名振鈺，入學後改名振玉，字叔蘊，後又字叔言，號雪堂，晚號貞松老人。羅氏酷愛古董，治學亦極精勤，其貢獻於學界者有甲骨、鐘鼎彝器、殷墟遺物、石經、木簡、敦煌古籍、內閣檔案等七方面。其一生又極愛才，辦東文學社時，海寧王靜安、嘉興沈昕伯、山陰樊炳清同時受知於羅氏。三人之中，以靜安先生與羅振玉之關係最密，相處之時間亦最長，初爲師生，繼而爲友朋，終爲兒女親家（民國七年，靜安先生爲長子潛明娶妻，子婦即羅氏之次女）。先生之知學問途徑，以至奮發成名家，實皆羅氏啓迪之功。繆鉞曰：「王靜安政治思想之頑固，純受羅振玉之影響，乃極不幸且不自然之事，蓋就學術而論，王受羅之裨助，而就思想及爲人而論，王亦受羅之戕賊也。」

在東文學社二年半中，其影響先生最深者尚有日籍教師藤田豐八、田岡

佐代治二君，靜安先生從二君習外文、科學、哲學。先生日後之精通英、德、日、法等外文，酷愛哲學，以科學方法研究國學，實皆受二君之影響。後靜安先生遊學日本五年（西元 1911 年秋～1916 年春），與日籍友人相從甚密，其知名者有狩野直野、青木正兒、鈴木虎雄、神田喜一郎、內藤虎次郎、隅田吉術、久野元吉、川口罔次郎、富岡百鍊、磯野惟秋等人。

　　民國五年二月，先生自日本返國抵上海，應英人哈同之聘，爲廣倉學宭編纂。居上海時，與張爾田、孫德謙訂交，時人稱爲海上三子。張爾田字孟劬，號遯堪居士，浙江錢塘人，生於同治十三年；孫德謙字受之，號益庵，又號隘堪居士，元和人，生於同治八年；二人皆治《文史通義》有盛名。此後七、八年間又與沈曾植、繆荃孫、柯劭忞、蔣汝藻、劉貞一、況蕙風等過從甚密。

　　沈曾植字子培，號乙盦，又號寐叟，浙江嘉興人，光緒六年進士，曾赴日本考察學務，與張之洞同屬清流派人物。沈氏生於道光三十年，卒於民國十一年，長靜安先生二十有七齡，王常執長輩禮待之，沈則視王爲忘年之交。沈氏精於音韻，又深於史學掌故，靜安先生自日本歸來後，謁子培於上海麥根路，質古音韻之學，先生所撰〈爾雅草木蟲魚鳥獸釋例〉一文，實子培有以啓之。沈氏少年之時，已通國初及乾嘉諸家之說，中年治遼、金、元史，治四裔地理，前後著述四十餘種，其中以《蠻書校注》、《元秘史箋註》、《蒙古源流箋證》、《黑韃事略注》最爲有名，其後靜安先生與陳寅恪皆受其影響，而從事於邊陲史地之研究。民國八年，先生有〈沈乙庵先生七十壽序〉之作，暢論清代三百年學術變遷之迹，於沈氏推崇備至。

　　繆荃孫字炎之，一字筱珊，晚號藝風，江陰人，生於道光二十四年，爲清末民初目錄版本學之權威，先後任南菁、灤源、經心、鍾山等書院之山長或主講，爲我國圖館事業開創者之一。宣統二年，繆荃孫來京師，任圖書館總監，與先生爲新交。《藝風年譜》云：「時圖書館未建，借北城廣化寺開創，到館任事，分類理書，去國二十年，又經大亂，名勝荒蕪，舊雨寥落，觸目生感，師門已無一人。……舊游則榮中堂慶、張總憲吳麟、陳閣學寶珠、盛尚書宣懷、鄒尚書嘉禾、董授經康、羅叔蘊振玉。新交則吳中書昌綬、海寧王國維、寶侍郎熙、鳳將軍山、毓學士隆、陳參事毅。門人則張侍郎亨嘉、王仁俊、孫雄、張錫恭、陳世昌，均不勝記。」藝風以校書刻書爲平生最大之興趣，後靜安先生孜孜不倦於校書工作，有時竟以「校書遣日」，經其親手

校批之古籍，近兩百種，純受藝風之影響。

柯劭忞字鳳蓀，山東膠州人，生於道光三十年。宣統二年，羅振玉介先生與之認識，趙萬里《王國維先生年譜》云：「是歲，羅先生介先生與膠州柯鳳蓀（劭忞）學士及江陰繆藝風（荃孫）相識，遂定交。柯學士治元史，又善詩，繆先生精目錄學，時任京師圖書館總監。」

靜安先生居上海七、八年中，對其事業關係最鉅者當數蔣汝藻。汝藻字孟蘋，號樂庵，浙江烏程人，爲一著名之藏書家，稱其藏書之所爲「密韻樓」。民國八年，先生爲蔣氏編《密韻樓藏書志》，因得盡覩蔣氏所珍藏之善本與海內孤本，先生之學遂益淵博。民國十年，先生《觀堂集林》問世，即由蔣氏出資以仿聚珍版爲之刊印行世。先生〈序樂庵居士五十壽序〉曰：「余與樂庵居士同歲，同籍浙西，宣統之初，又同官學部，顧未嘗相知也，辛亥後，余居日本，始聞人言今日江左藏書有三大家，則劉翰怡京卿、張石銘觀察與居士也。丙辰之春，余歸上海，始識居士。居士亢爽有肝膽，重友朋，其嗜書蓋天性也，余有意乎其人，遂與定交，由是得盡覽其書。居士獲一善本，未嘗不以詔余，苟有疑義，未嘗不與相商度也。余家無書，輒假諸居士，雖宋槧明鈔，走一力取之，俄頃而至。……余在海上時，視居士之書猶外府也。」由此可見二人相交之厚。

劉承幹，字貞一，號瀚怡，浙江南潯人，一生以搜集書籍爲志，其「嘉業堂藏書樓」，建於南潯劉宅附近，聲名聞於海外，其藏書量剔除複本尚達三萬餘卷，僅方志即多達一千餘種，貞一與靜安先生共事於浙江通志館，二人友誼頗深，先生居上海時校勘古書，本不如旅居京都，自從與蔣汝藻、劉貞一認識後，如魚得水，於學術研究頗有助益。

況周頤，原名周儀，字夔笙，號蕙風，廣西桂林人，生於咸豐九年，卒於民國十五年，光緒五年舉人，官內閣中書。幼嗜倚聲，戊子入都與王鵬運共晨夕，自是窺門徑，南歸入端方幕，與王鵬運、鄭文焯、朱祖謀有清季四大詞人之稱。晚年流寓海上，靠賣文爲生，生活至爲清苦。靜安先生於同時代之詞人中，獨稱蕙風詞沈痛眞摯，較彊邨詞境界猶高，曰：「蕙風詞小令似叔原，長調亦在清眞、梅溪間，而沈痛過之。彊邨雖富麗精工，猶遜其眞摯也。」蕙風家境貧寒，終生以塡詞爲業，此即靜安所謂「爲文學而生活」者。

先生晚年應清華學校國學研究院教授之聘，與陳寅恪、梁啓超交情甚篤，清華園中有「清華三巨頭」之稱。

　　陳寅恪，江西義寧人，湖南巡撫陳寶箴之孫，清末名詩人陳三立之子。早年畢業於柏林大學，不僅精通英文、法文、俄文、日文、拉丁文、希臘文、梵文、巴利文，他如滿文、蒙文、藏文、西夏文、突厥文，亦有相當素養。平生視學問與書籍為生命，日夜手不釋卷，任教清華園，與趙元任、梁啓超、王靜安同為校中導師，地位在一般大學教授之上，然彼此之間相互尊重，充滿靜穆與崇高之學者風範。課餘之暇，靜安、寅恪二人常聯袂逛海王村書肆，視為樂事。陳寅恪終年長衫布鞋，冬日著棉袍馬掛，頭戴厚絨帽，肩披長圍巾，與身著長袍馬掛、腦後垂長辮之靜安頗有相近之處。靜安先生自沈，陳寅恪哀悼至深，先後撰寫挽詞、挽聯與紀念碑銘。

　　梁啓超，字卓如，號任公，別署飲冰室主人，廣東新會人。生於同治十二年，卒於民國十八年。十二歲中秀才，十七歲成舉人，追隨康有為從事維新運動，二十歲時已名滿天下。靜安少年之時，讀康梁論疏，於梁任公頗為傾服。光緒二十二年，梁任公與汪康年、黃遵憲等創辦《時務報》於上海。後二年，先生來上海即供職於《時務報》，掌書記之職，其時地位懸殊，未有過從。民國十四年，先生與任公同時受聘於清華園研究院，二人過從甚密，相知甚深，十六年先生自沈，任公臥病天津，聞訊，不顧親友勸阻，至北京料理靜安喪事，親與美駐京使館交涉從優撫恤王氏家屬。安葬之時，並親臨墓地發表墓前悼詞，其所作輓聯及悼詞，均予靜安先生最高之學術評價。

　　綜觀王靜安先生一生，早年得羅氏之激賞，雪堂之書籍、碑版、金石、甲骨，任其觀摩，遂奠定其良好之治學條件；中年則英人哈同、吳興蔣氏、劉氏之書，聽其研究；晚年又與陳寅恪、梁啓超結為生死不渝之知交，此誠人生難得之盛事。是其憑藉獨厚，用功獨勤，故能成就其偉大不朽之學問也。

第三節　王靜安先生之自沈

一、自沈之經過

　　民國十六年六月二日（農曆五月初三日）上午，先生投身頤和園之昆明湖自盡，遺書於三子貞明曰：「五十之年，只欠一死，經此世變，義無再辱。我死後，當草草棺殮，即行槀葬於清華園塋地，汝等不能南歸，亦可暫於城內居住。汝兄亦不必奔喪，因道路不通，渠又不曾出門故也。書籍可託陳（寅

恪）吳（宓）二先生處理，家人自有人料理，必不至不能南歸。我雖無財產分文遺汝等，然苟能謹慎勤儉，亦必不至餓死也。五月初二，父字。」

先生自沈之經過，據柏生記先生自沈事始末云：

……五月二日午，同學公宴諸導師，爲臨別之會，座中先生爲吾儕言蒙古雜事甚暢，其雍容淡雅之態，感人甚深。私念先生年未及衰，治學之意興甚豪，自後受教之日長，今雖小別，同學或有感嘆息，戚戚若大患之將臨者，而某初未嘗有寥落失意之思也。是晚，某與同學謝國楨謁先生於校西院十八號私第，問陰陽五行說之起源，並論日人某研究干支之得失，言下涉及時局，先生神色黯然，似有避亂移居之思焉。次日下午，隱約中聞先生失蹤消息，然不甚注意，以爲避亂他處耳。至傍晚，浙江同學會歡送畢業同人；先生在校絕少參加交際宴會，是日未到，人亦不之怪。迨席將散，一人約曹校長出席私語。有間，校長返入，語眾人曰：「頃聞同鄉王靜安先生自沈頤和園昆明湖，蓋先生與清室關係甚深也。」云云。合座聞之，大驚，莫知所措。某猶不之信，即與同學吳其昌馳往各處探問。途遇趙助教萬里，得先生死耗屬實。其昌不禁大慟，某亦相對歔欷不置。時校中人已週悉其事。校長、教務長及研究院教授、助教諸先生，率同學輩約三十餘人，馳汽車赴頤和園，視察遺體。時已十點左右，園警不許入，相持至十一時半，始准校長、教職員及校警四人入，同學皆揮淚而返。車中研究院辦公處侯厚培先生爲吾儕言：「先生今早八時即到校，命院中聽差往其私第取諸君成績稿本，且共談下學期招生事甚久，言下，欲借洋二元，予即與以五元鈔票一，即出辦公室。至下午二時許，其家中遣人問先生何以未歸，予即詢之聽差，據云：先生上午命雇洋車一輛，不知何往，車爲校中掛號第三十五。於是予即至校門口問車夫輩：三十五號車何往？皆云：赴頤和園，迄今未返。予即乘自行車往探，時其三世兄貞明聞該車夫云：上午十點鐘許，先生命拉往頤和園，及門，給洋五毫，命在門外候，直至下午三點鐘後，尚未出，門者問何故留此不去，予答云尚有一老先生在園，是以不敢去也。門者詢以年貌里址，云此人現已投湖死。即引予入視，屬實，並速予返校報告，而於此遇君。貞明聞訊，即乘車馳往省視，時已打撈上岸，停魚藻軒中。據園丁

云：先生約上午十點鐘左右進園：初在石舫前兀座，久之，復步入魚藻軒中，吸紙煙，旋即聞投湖聲，及得救，其間不及二分鐘，而氣已厭，死時裏衣猶未濕也。凡此皆事後得之貞明君轉述者，蓋先生年老，湖水雖淺，底皆汙泥，入水時必頭先觸底，以致口鼻俱為泥土所塞，因之氣窒，園丁不知急救術，以是貽誤而死，若使當時即以人工呼吸法營救，或能更生，亦未可知也。」侯先生言至此，汽車已抵校，吾儕舍車入門，即召集院中諸同學組織王先生治喪委員會，時已入夜一點鐘矣，次早即發訃告，其家屬即定是日申酉之交往殮。下午一點鐘，同學齊赴頤和園，既入門，由園丁導至魚藻軒，先生遺體在焉，上覆蘆席，思一瞻其遺容，席甫啓，而哭聲大動矣。蓋先生淹沒已經二十餘小時，面目紫脹，四肢拳曲，匍匐地上，令人慘不忍睹。時其家屬及校中辦事人相繼來，惟候檢察官不至，天氣漸熱，陰雲四布，雷聲頻作，幸未下雨，而法官率檢驗吏至，已下午四時許矣，略事查問，即行檢驗，同學等審視在側，於先生衣袋中得遺書一通，封面書曰：「送西院十八號王貞明先生收」……此書前一日所作也，驗畢，即由校役移置遺體於綳布架上。同學扶護在側，挽至園西北角門外舊內庭太監下處三間小屋中入殮。旁晚七時許，始扶柩至校南成府之剛秉廟停靈。是日，到場送殯者，除研究院學生外，尚有本校教授梅貽琦、吳宓、陳寅恪、梁漱溟、陳達及北大馬衡、燕大容庚諸先生。吾儕送至剛秉廟，致祭畢，始返校。時在五月四日夜十一時半也。(《國學月報紀念專號》)

先生三子貞明致其二兄高明書函曰：

……父親大人於前日八時至公事室，如平日無異，至九時半，忽與旁人借洋三元，但此人身無現洋，故即借一五元之紙幣，後即自雇一洋車，直到頤和園，購票入內，至佛香閣排雲殿下之昆明湖旁，即投水。時離約四丈處有清道夫，見有人投水，即刻亦跳入水，即救上岸。但雖未喝水，然已無氣。入水中至多一分鐘，亦未喝水，因年歲關係，故無救。家中至午飯時，未見返家中餐，但此數日間聞校中請客甚多，並不謂奇。及至三時，尚未見回，弟即去找，後聞一洋車夫言：「乘車至頤和園。」弟於五時許即乘洋車亦至該園，於途中即遇早去之洋車（弟乘之洋車車夫認識此車夫），上乘一巡警，弟一見此，知非佳

兆，然固不出所料，巡警問弟姓名後，即領弟至園內認明，復至警察局立案。此消息至校，已七時許，校中當局即開一緊急會議，至八時許，校長、教務局各教職員學生等，皆乘汽車赴該園，校中守衛隊派警士數名赴園中管看屍身，但到園後，因戒嚴時代，又時間太晚，未能全體進園。——進去者只校長、教務長及衛隊數名，餘則折回。至昨日下午三時始驗屍體，衣袋中有洋四元四角，——所借五元只用去六角門票——及遺囑一。至五時，有校醫用藥水將身體洗完，至八時許入殮，即將棺木送入附近一廟內，一切辦理各事，完全為校中擔負。聞校中恤金約有五千之數，校長等擬使弟於校中謀得一位置，每月取月薪及恤金利息等度日，此說過數日恐能發表。……羅宅昨日君美夜九時許至此，羅老伯本擬今日來京，後因旁人恐彼來有所感或有他變，故不肯使他來京。……梁任公昨至外交部力爭恤金之事，故數目恐能稍大。（《文學周報》第五卷第1、2期）

二、自沈之原因

靜安先生自沈之經過已如上述，然其自殺之原因，則眾說紛紜，莫衷一是，迄今未有定論，舉其要者言之，有下列數說：

（一）為清室殉節

羅振玉〈海寧王忠愨公傳〉云：

壬戌冬，蒙古升吉甫相國奏請選海內耆宿供奉南書房以益聖學，首以公薦，得旨俞允。明年夏，公入都就職，奉旨賞食五品俸，賜紫禁城騎馬，命檢昭陽殿書籍。公以韋布，驟為近臣，感恩遇，再上封事，得旨褒許。甲子秋，予繼入南齋，奉命與公檢定內府所藏古彝器。乃十月值宮門之變，公援主辱臣死之義，欲自沈神武門御河者再，皆不果。及車駕幸日使館，明年春幸天津，公奉命就清華學校研究院掌教，以國學授諸生，然津京間戰禍頻仍，公日憂行朝，頻至天津，欲有所陳請，語訥，輒苦不達。今年夏，南勢北漸，危且益甚，公欲言不可，欲默不忍，乃卒以五月三日自沈頤和園之昆明湖以死。……屬予代呈封章，疏入，天子覽奏隕涕。……著加恩予諡「忠愨」。

（二）羅振玉之迫害

史達〈王靜安先生致死的眞因〉云：

> 王靜安的自殺，不在清朝打翻之際，也不在廢帝被逐出宮之會，可
> 見這一死實在並非「乃心王室」。他所以不先不後恰恰於今年舊曆的
> 端午節跳水尋死者，實緣受友之累，經濟上挨到過量的壓迫耳。據
> 熟悉王、羅關係的京友說，這次的不幸事件，完全由羅振玉一人逼
> 成功的。原來羅女乃是王先生的子婦，去年王子病死，羅振玉便把
> 女兒接歸，聲言不能與姑嫜共處，可是在母家替丈夫守節，不能不
> 有代價，因強令王家每年拿出二千塊錢交給羅女作爲津貼。王先生
> 晚年喪子，精神創傷已屬難堪，又加這樣的要索挑唆，這經濟的責
> 任實更難負擔了。可是羅振玉猶未甘心，最近便放了一枚致命的毒
> 箭，從前他們同在日本曾合資做過一趟生意，結果大大攢錢，王先
> 生的名下便分到一萬多，但這錢並未支取，即放在羅振玉處作爲存
> 款。近來羅振玉忽發奇想，又去兜搭王先生再做一趟生意，便把這
> 存款下注做本。王先生素不講究這些治生之術的，當然由得他擺佈，
> 不料大折其本，不但把這萬多塊錢的存款一箍腦兒丟掉，而且還背
> 了不少的債務，羅振玉又很慷慨地對他說：「這虧空的分兒，你可暫
> 不拿出，只按月拔利息好。」這利息究竟要多少，剛剛把王先生清
> 華所得的薪水喫過還須欠些，那麼一來，把個王先生直急得又驚又
> 憤，冷了半截，試問他如何不萌短見，這一枝毒箭便是王先生送命
> 的近因。合此兩因，竟把一個好端端的學者活活的逼死，羅振玉之
> 肉「其足食乎！」王先生既死，他應該做點補過的事了，然而他毫
> 不悔悟，仍舊用他騎兩頭騾的慣技向人間鬼混。何以見得呢？他一
> 面捏造遺表，對廢帝誇示他的識拔忠良，於是無知的廢帝竟下僞諭
> 弔唁，把不值一文的「忠愨」謚號，送給了死者做了個惠而不費的
> 禮物。一面又對王家市恩，表示這榮譽——其實只是個不值一文的
> 禮物，是他的力量弄來的。所以他輓王先生的聯語便是這樣說：「至
> 誠格天，邀數百載所無曠典；孤忠蓋代，繫三千年垂絕綱常。」這
> 是多麼醜陋的臭架子，他把人家逼死了，他卻說人家自己「至誠格
> 天」，邀取「曠典」；他既自命忠貞，充當遺老，卻自己不肯實行，
> 偏勸人家「孤忠蓋代」，把維繫「垂絕綱常」的責任，推在人家的肩

頭。像這樣老而無恥的東西，固然不屑與較，所可痛的，中國學術界上他犧牲了一顆巨大的明星，卻實在不能恕他啊！（《文學周報》第五卷第一、二期）

（三）共產黨之迫害

王世昭《中國文人新論》云：

> 共產黨未得政權以前，中國被迫害的文人最明顯的有三個：一個是湖南湘潭葉德輝，一個是浙江海寧王國維，一個是四川喬大壯。……民國十六年國民革命軍北伐，共產黨頂了國民黨的招牌，在長沙殺了葉德輝，王國維因為留著辮子，恐不能免。適北平《世界日報》刊上，發表了一篇〈戲擬黨軍到京所捕之人〉名單，王氏大名赫然列於紙上。他在進退維谷中，遂萌自殺之念。──這一筆帳是要放在共產黨身上算的，因為王國維不是死於國民軍北伐，而是死於葉德輝之罹難長沙，他鑒於共產黨的摧殘學者，慘戮文人，故在無可奈何中跳水自殺。衛聚賢說得好：「共產黨殺了葉德輝，逼死王靜安，王先生如果尚在，被關在鐵幕中，一樣的也被清算了，王先生的自殺，可謂高人一著。」

（四）對革命軍之恐懼

顧頡剛〈悼王靜安先生〉云：

> 噩耗傳來，本月二日王靜安先生自沈於頤和園昆明池中死了。這個消息，驀然給我一個猛烈的刺激，使我失望而悲歎。我對於他雖向少往來，但是戀慕之情一年來如一日。……昨天在報紙上讀到他的遺囑，裏邊說：「五十之年，只欠一死，經此世變，義無再辱。」始恍然明白他的死是怕國民革命軍給他過不去。湖南政府把葉德輝槍斃……在我們看來，覺得他們罪有應得，並不詫異，但是這種事情，或者深深刺中了靜安先生的心，以為黨軍既敢用這樣的辣手對付學者，他們到了北京，也會把他如法炮製，辦他一個「復辟派」的罪名的。與其到那時受辱，不如趁黨軍尚未來時，索性做了清室的忠臣，到清室的花園死了，倒落一個千載流芳。其實，他過慮了。……他並不曾發表一篇鼓吹復辟的宣言，也不曾從事於陰謀復辟的活動，更不曾受了別人的賄賂，而主張過任何關於政治的議論，他究竟還是一個超然的學者，黨軍到北京時，哪會使他難堪。

（五）文化交替所生之苦悶

陳寅恪〈王觀堂先生挽詞〉序言曰：

> 或問觀堂先生所以死之故。應之曰：近人有東西文化之說，其區域
> 分割之當否，固不必論，即所謂異同優劣，亦姑不具言，然而可得
> 一假定之義焉。其義曰：凡一種文化值衰落之時，爲此文化所化之
> 人，必感苦痛，其表現此文化之程量愈宏，則其所受之苦痛亦愈甚，
> 迨既達極深之度，殆非出於自殺，無以求一己之心安而義盡也。……
> 蓋今日之赤縣神州，值數千年未有之鉅劫奇變，劫盡變窮，則此文
> 化精神所凝聚之人，安得不與之共命而同盡，此觀堂先生所以不得
> 不死，遂爲天下後世所極哀而深惜者也。至於流俗恩怨榮辱，委瑣
> 齷齪之說，皆不足置辨，故亦不之及云。

以上諸說，究以何說爲確，迄今尚無定論，綜觀先生一生，早歲即有悲觀之
思想，其〈三十自序〉云：「體素羸弱，性復憂鬱，人生問題，日往復於胸臆，
自是始決計從事於哲學之研究。」因其有厭世悲觀之冥想，是以與叔本華思
想最爲接近，叔氏雖反對自殺，然其對死亡之詮釋卻深入靜安先生之胸臆，
叔本華曰：

> 一般都會發現，只要生存的恐懼達到一個地步，以致超過了死亡的
> 恐懼，一個人就會結束他的生命。……
> 巨大的精神痛苦，使我們對肉體的痛苦感到麻木，我們鄙視肉體的
> 痛苦；不，如果肉體的痛苦超過精神的痛苦，那麼它就會分散我們
> 的心思，我們歡迎它，因爲它中止了精神的苦痛，正是這種感覺使
> 自殺變得容易。

靜安先生自沈之前之思想感情，殆與叔本華所說者相接近，接二連三之刺激，
與無情現實之打擊，一再使靜安先生充溢精神之痛楚，解決之道，惟有尋求
自絕一途而已。叔本華云：

> 假使我們在睡夢中遭遇到惡魔的騷擾，當其最恐怖的時候，我們霍
> 然而醒，這時黑夜所孕育的那些猙獰形象，也即刻消逝，而人生不
> 過一場夢而已，當生命中最恐怖的事情降臨的時候，這事情逼使我
> 們急著要有一個了斷的時候，我們也就霍然而醒了。

叔氏「人生如夢」之自殺論，或早已深入靜安先生之心中，此時其夢中之惡
魔，亦即靜安先生理想之幻滅及前述之種種刺激。由此觀之，悲觀思想乃爲

自沈之主因，而長子之喪、摯友之絕、北京之恐怖氣氛、中西文化激盪，皆震撼先生之心胸，遂使其百感交集，萬念俱灰，遂萌自殺之念，而了斷其一生。

第三章　王靜安先生之甲骨學

第一節　概　說

　　甲骨文爲我國最古老之文字，係遠在三千五百年前通行於殷商時代，因其文字鍥刻於龜甲或獸骨之上，故稱之爲「甲骨文」。光緒二十四、五年間（1898、1899）發現於河南安陽縣西北五里之小屯，其地在洹水之南，三面環之，《史記・項羽本紀》所謂洹水南殷虛上者也。

　　甲骨初出土時，土人以爲龍骨，用以治瘡，後濰縣古玩商得數片，以售之福山王懿榮，王氏命祕其事，一時所得，先後皆歸之。二十六年王氏爲國殉難，其所藏皆歸丹徒劉鶚，鶚復命估人蒐之河南，所藏至五千餘片。二十六年，劉氏撰拓一千零五十八片付諸石印，成《抱殘守缺齋鐵雲藏龜》六卷。是爲甲骨文字著錄行世之第一部。三十年十一月，瑞安孫詒讓因藏龜而著《契文舉例》，是甲骨爲人所識之始。孫氏曰：「劉本無釋文，若不能盡讀也，蒙治古文大篆之學四十年，所見彝器款識逾二千種，大抵皆出周以後，鑒賞家揭諸爲商器者，率肊定不能塙信，每憾未獲見眞商時文字，頃始得此冊，不意衰年睹此奇迹，愛翫不已，輒窮兩月力校讀之，以前後復種者，參互審繹，酒略通其文字。」卅二年，上虞羅振玉官京師，復令估人大搜之，於是三十二年以後所出者多歸羅氏。自其年至宣統三年（1906～1912），所得約二三萬片，影印付世，有《殷虛書契前編》、《殷虛書契後編》、《殷虛書契精華》、《鐵雲藏龜之餘》等書。彰德長老會牧師加拿大人明義士（T.M. Menzies）亦得有五六千片，影印爲《殷虛卜辭》（*The oracle Recorde of the waste of Yin*, 1917）。

其餘散在各家者，尚近萬片（總數已出土者，約四五萬片），分別影見日本林泰輔之《龜甲獸骨文字附鈔釋》（民國 3 年印行），哈同之《戩壽堂所藏殷虛文字附王國維考釋》（民國 8 年印行），丹徒葉玉森之《鐵雲藏龜拾遺》（民國 14 年印行），天津王襄之《簠室殷契釋文》（民國 14 年印行）等書。民國十七年至二十六年（1928～1937）中央研究院殷虛發掘團工作十五次，先後得二萬四千九百十八片；而河南博物館亦發掘得三千六百五十六片，今存國立歷史博物館。中央研究院所得，影印爲《殷虛文字》甲乙丙三編，南陽董作賓據其中一部份著《新獲卜辭寫本》（民國 17 年印行），其後董作賓尚有《殷虛文字外編》、《甲骨文斷代研究例》、《卜辭中所見之殷曆》、《甲骨文研究的擴大》、《甲骨年表》及《甲骨學六十年》等作，開封關百益則據河南博物館所得，著《殷虛文字存眞》（民國 20 年印行）。

此外，尚有番禹商承祚之《福氏所藏甲骨文字附考釋》，及《殷虛佚存附釋文》（民國 22 年），東莞容庚，吳縣瞿潤緡之《殷虛卜辭附釋文及文編》（民國 22 年印行），樂山郭鼎堂之《卜辭通纂》（民國 22 年印行）、《殷契粹編》（民國 26 年印行）、《卜辭通纂別錄》（民國 32 年印行），黃濬之《鄴中片羽》初集、二集、三集（分別於民國 24 年、26 年、29 年印行），金祖同之《郼齋甲骨拓片》（民國 24 年印行）、《殷契遺珠》（民國 28 年）、《龜卜》（民國 37 年），孫海波之《甲骨文錄》（民國 27 年印行）、《誠齋殷虛文字》（民國 29 年印行），美國白瑞華（Roswells Britton）之《殷甲骨文拓片》（民國 26 年印行），唐蘭之《天壤閣甲骨文存》（民國 28 年行），李旦丘之《鐵雲藏龜零拾》（民國 28 年印行）、《殷契摭拾》（民國 30 年印行），曾毅公之《甲骨掇拾》（民國 28 年印行），方法斂之《摹白瑞華校庫方二氏所藏甲骨卜辭》（民國 24 年石印本）、《摹白瑞華校甲骨卜辭》（民國 27 年印行）、《摹白瑞華校金璋所藏之甲骨卜辭》（民國 28 年印行），胡厚宣之《廈門大學所藏甲骨文字》（民國 33 年石印本）、《甲骨六錄》（民國 34 年石印本）、《戰後南北所見甲骨錄》（含輔仁大學所藏龜甲文字、誠明文學院所藏甲骨文字、天想山房舊藏甲骨文字、明義士舊藏甲骨文字、南北師友所見甲骨錄、南北坊間所見甲骨錄六種，民國 44 年石印本）、《戰後寧滬新獲甲骨集》（民國 40 年石印本）、《戰後京津新獲甲骨集》（民國 43 年出版）、《甲骨續存》（民國 43 年印行）、陳邦懷之《甲骨文零拾》（民國 48 年印行）、李亞農之《殷契摭佚續編》（民國 39 年印行）、郭若愚之《殷契拾掇》（民國 40 年印行）、《殷契拾掇二集》（民國 42 年珂羅版本）

等之著錄。

　　抗日勝利後，鄭州南郊二里岡，洛陽東關，輝縣、陝西邠縣、濟南大辛莊及山西洪趙縣等地，又續有少量甲骨之發現，據董作賓先生之估計，甲骨前後出土者約有十萬片。殷虛卜辭之年代，今可考見者，約自盤庚至紂王末年（西元前 1401～1122），距今約三千年前。其可識之字，據王襄《簠室殷契類纂》（民國 9 年出版）為八七三字，商承祚《殷虛文字類編》（民國 12 年出版）為七八九字，朱芳圃《甲骨學文字編》（民國 22 年出版）為九五六字，孫海波《甲骨文編》（民國 23 年出版）為 1006 字，附所收不可識之字 1112 字，合計 2118 字。李孝定《甲骨文字集釋》為 1377 字，較孫氏又增多三百七十餘字，據本師高仲華先生之推測，殷代貞卜所用之文字，總數當不致超過三千也。

第二節　王靜安先生研究甲骨之撰著

　　我國殷虛甲骨文字之研究，瑞安孫仲容詒讓有篳路藍縷之功，稍後治甲骨文字者，上虞羅振玉則有搜集流通之功，而集其大成，並創以殷虛甲骨文字考證古史者，當推海寧王靜安先生。

　　民國六年，為先生治殷虛文字用力最勤，創獲最豐之一年，三月先生撰成《殷卜辭中所見先公先王考》，自序曰：

　　　　甲寅歲暮，上虞羅叔言參事撰《殷虛書契考釋》，始於卜辭中發現王亥之名，嗣余讀《山海經》、《竹書紀年》，乃知王亥為殷之先公，並與《世本》作篇之胲、〈帝繫篇〉之核、《楚辭·天問》之該、《呂氏春秋》之王冰、《史記·殷本紀》及〈三代世表〉之振，《漢書·古今人表》之垓，實係一人。嘗以此語參事及日本內藤博士（虎次郎），參事復博蒐甲骨中之紀王垓事者得七八條，載之《殷虛書契後編》。博士亦采余說，旁加考證，作〈王亥〉一篇，載諸《藝文雜誌》，並謂自契以降諸先公之名，苟後此尚得於卜辭中發見之，則有禪於古史學者當尤鉅。余感博士言，乃復就卜辭有所攷究，復於王亥之外得王恆一人。案《楚辭·天問》云：「該秉季德，厥父是臧。」又云：「恒秉季德。」王亥即該。則王恒即恒，而卜辭之季即夒（羅參事說），至是始得其證矣。又觀卜辭中數十見之田字，從甲在口中，及通觀諸卜辭，而知田即上甲微，於是參事前疑卜辭中之⟨、⟨、⟨

即報乙、報丙、報丁者，至是亦得其證矣。又卜辭自上甲以降皆稱
曰示，則參事謂卜辭之示壬、示癸即主壬、主癸，亦信而有徵。又
觀卜辭王恆之祀與王亥同，太丁之祀與太乙、太甲同，孝己之祀與
祖庚同，知商人兄弟無論長幼與已立、未立，其名號典禮蓋無差別，
於是卜辭中人物，其名與禮皆類先王而史無其人者，與夫父甲、兄
乙等名稱之浩繁，求諸帝系而不可通者，至是亦理順冰釋，而《世
本》、《史記》之爲實錄，且得於今日證之。又卜辭人名中有「〔𡜍〕」
字，疑即帝嚳之名，又有「土」字，或亦相土之略，此二事雖未能
遽定，然容有可證明之日，由是有商一代先公先王之名不見於卜辭
者殆鮮，乃爲此考以質諸博士及參事，並使世人知殷虛遺物之有裨
於經史二學者有如斯也。

先生此稿成後，即以寄羅振玉，羅氏一見驚爲曠世絕作，四月六日與先生書
云：

昨日下午郵局送到大稿，燈下讀一過，忻快無似，弟自去冬病胃，悶
損已數月，披覽來編，積疴若失。憶自卜辭初出洹陰，弟一見以爲奇
寶，而考釋之事，未敢自任，研究十年，始稍稍能貫通，往者寫定考
釋，尚未能自慊，固知繼我有作者必在先生，不謂捷悟遂至此也。

羅氏又於四月十一日與先生書，證成上甲之說。其言曰：

前書與公論囬即上甲二字合書，想公必謂然。今日補拓以前未選入
之龜甲獸骨，得一骨上有〔囗〕字，則意作上甲，爲之狂喜。已而檢《書
契後編》見卷下第四十二葉上甲字已有作〔囗〕者，又爲之失笑，不獨
弟忽之，公亦忽之。何耶？卜辭上字多作〔⌐〕，下字作〔⌐〕，下字無所
嫌，二作〔⌐〕者，所以別於數名之二也，此〔⌐〕字兩見皆作〔⌐〕，又上
帝字作〔⌐帝〕，其爲上字無疑，囬爲〔囗〕字之省，亦無可疑，不僅可爲
弟前說之證，亦足證尊說之精確，至今隸甲字全與田同，但長其直
畫，想公於此益信今隸源流之古矣。（《觀堂集林》卷九）

四月中旬，先生又撰成〈殷卜辭中所見先公先王續考〉。先生二考之作，就文
字考釋而言，釋田、囬、〔囗〕爲上甲微，〔𢆶〕、〔司〕、〔可〕爲報乙、報丙、報丁；〔𡜍〕一
爲夋，即爲殷之高祖夋，亦即帝嚳之名；〔О〕即土字，亦即相土之略；〔工〕即恆
字，亦即王恆；示壬、示癸即主壬、主癸，大乙即天乙，唐即湯之本字等重
要卜辭文字之考釋。就考求古史而言，乃創以甲骨文字證明古史之始，訂正

《史記》之訛誤并補其缺遺，因之重建殷商之信史。屈萬里先生曰：

> 甲骨文字雖然發現於清光緒二十五年，而用它來證史，則始於王國
> 維，自從王國維作了《殷卜辭中所見先公先王考》和《續考》以後，
> 研究甲骨的學者在討論殷史方面，已得到不少的成績。

又云：

> 證實了殷先公自上甲以下的次序，是報乙、報丙、報丁，而不是像
> 《史記》和《漢書·人表》的次序——報丁、報乙、報丙。他證實
> 了殷中宗是祖乙而不是太戊。他證實了祖乙是中丁的兒子，而不是
> 河亶甲的兒子。另外，關於殷代帝王的世系，《史記·殷本紀》和《漢
> 書·人表》不合的地方，都證實了是《漢書·人表》之誤。他固然
> 糾正了《史記·殷本紀》不少的錯誤，可也證實了〈殷本紀〉所記
> 殷代帝王的世系大致正確可信。這告訴人對於《史記》所記的古史，
> 固然不能全盤相信，但也使善疑的人們對於《史記》增加了不少的
> 信心。利用甲骨文的材料，重建殷代的信史，王國維的這兩篇文章，
> 無疑是開山之祖。（〈中國傳統古史說之破壞和古代信史之重建〉）

同年六月，先生輯英倫哈同氏所藏殷虛文字成，並撰《考釋》一卷，附於書
後，乃先生代姬覺彌所作，太隆羅詩氏序之，實先生代筆，其言曰：

> 殷世書契文字出於河南安陽縣西北五里之小屯。其地在洹水南，《史
> 記·項羽本紀》所謂洹水南殷虛上者也。光緒戊戌己亥間，洹曲厓
> 岸為水所齧，土人得龜甲牛骨，上有古文字，估客攜至京師，為福
> 山王文敏公懿榮所得，庚子秋，文敏殉國難。其所藏歸丹徒劉鐵雲
> 觀察鶚，而洹水之虛，土人於農隙掘地仍歲有得，亦多歸於劉氏，
> 劉氏曾選拓千餘片，影印傳世，所謂《鐵雲藏龜》是也。嗣是洹曲
> 所出多歸上虞羅叔言參事振玉，參事既印行《殷虛書契前編》八卷，
> 《殷虛書契精華》一卷，其《書契後編》二卷余亦介人乞得印行之，
> 於是殷虛文字略備矣。余夙嗜古文字，與王、劉諸君具有同好，丙
> 辰冬，得甲骨千片於海上，乃丹徒劉氏故物，其中見於《鐵雲藏龜》
> 者十一二，而未見者十九八，乃復選其尤者影印，以傳於世，此編
> 所輯，其數較羅氏書不過十之三，視劉氏書亦僅什之七，然如第一
> 葉之第十片與《書契後編》上第十葉之第十四片，乃本一骨折為二
> 者，海寧王靜安徵君國維據此以定殷先公之世系，又如中宗祖乙小

祖乙等亦僅見此編中，其餘單文隻字足以補劉、羅二家書者，亦往

往而有，雖歷歷數十葉書，其有裨於經史文字之學者要非淺鮮也。

先生此編爲哈同妻羅加陵編次，收錄其所得之劉鶚藏龜千片，署名姬佛陀編，

先生爲之考釋。此編之作，除文字之考釋及利用殷虛文字以考定殷商古史外，

其最大之創獲，乃爲甲骨綴合之發明。《戩壽堂所藏殷虛文字考釋》第一葉第

十片下云：

此片與《殷虛書契後編》卷上第八葉第十四片，文字體勢大小全同，

又二片斷痕合之若符節，蓋一片折而爲二也。今合而讀之，其文曰：

「乙未酒祝㲋田十，〖三、冈三、可三、示壬三、示癸三、大丁十、

大甲十。（下闕）」此一辭中，有先公六、先王二。《史記‧殷本紀》：

「微（即上甲）卒，子報丁立，報丁卒，子報乙立，報乙卒，子報

丙立，報丙卒，子主壬立，主壬卒，子主癸立。」此田即上甲，已

見前，〖、冈、可即報乙、報丙、報丁，示癸即主壬、主癸。惟此辭

中〖在冈可之前，與《史記》報乙、報丙在報丁後者不同，殆《史記》

誤也。又據此次序，則首甲次乙次丙次丁，而終於壬癸與十日之次

全同，疑商人以日爲號，乃成湯以後之事，其先世諸公生卒之日，

至湯有天下定祀典名號時已不可知，故即用十日之次以追名之。否

則不應如是巧合也。此辭中曰十、曰三者，蓋謂牲牢之數，上甲、

大丁、大甲十，而餘人皆三者，上甲先公之首，大丁大甲又先王而

非先公，故殊其數也。示癸大丁之間，不數大乙者（天乙卜辭作大

乙），大乙爲太祖，先公先王或合食於太祖故也。大丁之後不數外丙

中壬者，以外丙中壬非後世殷天子之所出故也。即此數十文中，而

殷之先公六世咸在，又足見殷之先祖王亥以上，與上甲以下祀典有

殊矣。《魯語》稱上甲微能帥契者也，商人報焉。〖冈可，《史記》謂

報乙報丙報丁，義當如商人報焉之報，其稱蓋起於後世，至田〖冈可

四名，所以從口或從匚者，或取匣主及郊宗石室之義，然不可得考

矣。

甲骨沉埋地下三千餘年，其質脆弱，出土後或斷之爲二，或分之爲三，甚或

斷爲三片以上，自先生發明綴合之法之後，學者往往於零折之碎片中，求其

綴合之跡，爲甲骨學研究之法又開闢一途徑。先生考釋此片時尚不知其能與

善齋藏契再爲綴合。《殷契粹編》一一二片考釋曰：

甲乙二片由王國維所撮合，丙片爲董作賓所撮合。此三片之復合，
于殷先公先王之世系至關重要。

茲錄其圖如下：

（《殷虛書契解詁》，一二頁）

同年八月，先生運用殷虛甲骨文字，撰成〈殷周制度論〉一篇，文長萬
餘言，可視爲先生研究古文字學及古史學之歸納結論。先生考定殷以前之典
禮制度，可徵實而推知者如下：

一、殷以前天子諸侯君臣之分未定，當虞夏之時，殷之先世已稱王。
二、殷人兄弟無貴賤之分，嫡庶之別。故殷人祀其先王，兄弟同禮。
三、商之諸帝，以弟繼兄，但後其父而不後其兄。凡一帝之子，無嫡庶長

幼皆爲未來之儲貳，故商自開國之初，即無封建子弟爲諸侯之制度。

四、殷商以前無女姓之制，據甲骨文，帝王之妣與母皆以日名，與先王同，稱爲妣甲、妣乙。

五、殷人祀典，無親疏之殊、無尊卑之差，先公先王先妣在位與不在位者皆有專祭，其合祭亦無定制。

六、王亥確爲殷人以辰爲名之始，猶上甲微之爲以月爲名之始也。

先生論周人制度大異於商者有三：

一曰立子立嫡之制。

二曰廟數之制。

三曰同姓不婚之制。

先生此篇之作，據甲骨金石古文字，參之詩書禮以考證古史，義據精深，方法縝密，識者皆譽爲我國文化史上之一篇大文字。先生之高弟趙萬里曰：

> 案此篇雖寥寥不過十數葉，實爲近世經史二學第一篇大文字。蓋先生據甲骨及吉金文字，兼以詩書禮參之，以證殷之祀典及傳統之制，均與有周大異。而嫡庶之別，即起於周之初葉，周以前無有也。復由是於周之宗法、喪服及封子弟、尊王室之制爲具體之解說，義據精深，方法縝密，極考據家之能事，殆視爲先王研究古文字學及古史學之歸納的結論可也。（趙譜）

抗父曰：

> 王君之〈殷周制度論〉，從殷之祀典世系，以證嫡庶之制始於周之初葉，由是對周之宗法、喪服、及封子弟，尊王室之制，爲有系統之說明，其書雖寥寥二十葉，實近世經史二學上第一篇大文字，此皆殷虛文字研究之結果也。（東方文庫《考古學零簡》）

綜觀先生之甲骨學之研究，以民國六年撰述最多，創獲最大，在此之前，民國二年撰〈明堂寢廟考〉，民國四年撰〈洛誥解〉、〈鬼方昆吾玁狁考〉、〈三代地理小記〉（後改訂爲〈說自契至於成湯八遷〉、〈說商〉、〈說亳〉、〈說耿〉、〈說殷〉、〈秦郡考〉等六篇）等作徵引卜辭甚多；在此之後，民國十四年改訂〈殷卜辭所見先公先王考〉、〈續考〉、〈三代地理小記〉、〈殷周制度論〉等作，爲《古史新證》，每週爲清華國學研究院諸生授課一小時，惜全篇未成而先生棄世。趙萬里論〈殷周制度論〉爲先生研究古文字學及古史學之歸納結論，抗父曰：「此皆殷虛文字研究之結果也。」洵爲知言。又李星可論先生甲

骨文字之研究貢獻曰：

> 與羅氏雁行者爲王國維。羅氏撰《殷虛書契考釋》，即多采王氏之説。民國元年冬，羅氏編印《殷虛書契前編》，時氏與羅氏同居日本，必襄其事。二年，氏作〈明堂寢廟考〉，即引用殷商貞卜文字。四年，撰〈洛誥解〉，更據甲骨文以釋王賓殺禋之説，同年作〈鬼方昆夷獫狁考〉（初名〈古代外族考〉）、〈三代地理小説〉，微引卜辭甚多。五年冬，氏於滬肆購得孫詒讓《契文舉例》稿本，寄羅氏爲刊印之，而孫書得賴以傳。六年，氏作〈殷卜辭中所見先公先王考〉及〈續考〉，正《史記》之訛僞，並補其説，於古史貢獻極大。同年五月，氏輯哈同妻羅迦陵所藏甲骨，爲〈戩壽堂所藏殷虛文字〉一卷，書成，又寫〈考釋〉一卷，附於書後，七月撰〈殷周制度論〉，是爲卜辭綜合比較研究之始。王氏之學，以甲骨文字研究爲主幹，其著除上舉數種外，其他説禮制、説都邑、説文字之零作甚多，具見於氏之《全集》中，其於文字考釋，方法縝密，義據精深，時且超越羅氏，而王氏之後，則幾成絕響。」（〈甲骨學目錄並序〉，《中法大學月刊》四卷四期）

李星可於先生甲骨文字研究之貢獻推崇備至，皆讀而有得之言，要非溢美之言。

第三節　王靜安甲骨文字考釋

　　殷虛甲骨文字發現於光緒二十四五年間，三十年瑞安孫詒讓撰《契文舉例》，是甲骨文字爲人所識之始，其後羅振玉撰有《殷虛書契前編》（民國元年印行）、《殷虛書契後編》（民國五年印行）、《殷虛書契精華》（民國三年印行）、《鐵雲藏龜之餘》（民國四年印行）。甲骨文字之考釋，孫、羅二氏並有筚路藍縷之功，而集其大成者，當推王靜安先生，其序羅氏《殷虛書契考釋》云：

> 觀其學足以指實，識足以洞微。發軔南閣之書，假途蒼姬之器，會合偏旁之文，剖析孳乳之字，參伍以窮其變，比校以發其凡。悟一形繁簡之殊，起兩字並書之例。上池既飲，遂洞洹之方，高矩攸陳，斯舉隅而三反，顏黃門所謂隱括有條例，剖析窮根源者，斯書之謂矣。

先生此序雖就羅氏發之，實不啻自道其考釋甲骨文字之功也。其甲骨文之考釋情形如下：

一、本之《說文》

《說文》者，明文字之形、音、義之書也。〈說文解字敘〉云：「今敘篆文，合以古籀，博采通人，至於小大，信而有證，稽譔其說，將以理群類，解謬誤，曉學者，達神恉，分別部居，不相雜廁也。」先生考釋殷虛甲骨文字，引證《說文》者甚多，因之亦多能得其塙解。其例如下：

1. 丏

卜辭云：「貞乎丏于西。」（續一・五三・四）

先生曰：

> 丏卜辭作丏、丏即丯字。《說文》：「丏，語相訶歫也。從口丯，丯惡聲也。」案古文丯並作亐，說文作丯，從丯之示然，惟丏字所從之亐形尚未失。（戩二六・七）

又曰：

> 《殷虛卜辭》有丏字（《殷虛書契前編》卷五第二十一葉及卷六第二十九葉），即《說文》丏字，《說文》，「丏，語相訶歫也，從口丯。」是篆文之丯亦或作亐，蓋丯亐一字，卜辭辭字作辭，亦其一證。《夨田盤》：「王命田政辭成周四方責（即委積之積）。」辭從矞丏，即篆文從矞辛之辭，政辭乃政嗣之假借，知丏乃亐之繁文，亐丏又一字矣。亐字當從《說文》丏字讀，讀如孽，即天作孽之孽之本字。故訓為辠辭字，從自止亐，會意，亦以為聲，凡宰辟辭諸字皆從此字會意，至《說文》所說辛辛辭諸字，皆從後起之篆文立說，故輒齟齬矣。（《觀堂集林》卷六釋辭）

案：先生此說至確，丁山、李孝定等均同意之。李孝定曰：「《說文》：『丏，語相訶歫也，從口丯，丯惡聲也，讀若蘗。』契文之丏，王釋是也。」（《甲骨文字集釋》卷二）

2. 丮

卜辭云：「貞于丮告囙方。」（續一・六・五，後上二十九三，通纂二五四）

先生曰：

案唐即湯也，此辭中唐與大甲大丁並告，又有連言唐大丁大口者（《鐵雲藏龜》二一四），則為湯可知。《說文》口部：「喝古文唐，從口易。」與湯字形聲俱近。《博古圖》所載〈齊侯鎛鐘銘〉曰：「虩虩成唐，有嚴在帝所，專受天命。」又曰：「奄有九州，虎禹之都。」夫受天命有九州，非成湯其孰能當之？又《太平御覽》八十二及九百十二引《歸藏》曰：「昔者桀筮伐唐，而枚占熒惑，曰不吉。」《博物志》亦有此文。夫夏桀之時，有湯無唐，則唐必湯之本字，後轉作喝，復轉作湯，而其本名廢矣。然卜辭於唐之正祭必曰王賓大乙，惟告祭等乃稱唐，未審何故。（戩二‧十二，《觀堂集林》卷九〈殷卜辭中所見先公先王考〉）

案：先生之說至塙，諸家均從之。李孝定曰：「按《說文》：『唐大言也，從口庚聲，喝古文唐，從口易』契文之唐即為大乙，王說是也。」（《甲骨文字集釋》第二）

二、斠之金文

靜安先生精通文字、聲韻、訓詁之學，往往能會通吉金文字以證殷虛甲骨文字。茲舉例如下：

釋　旬

卜辭有 ⟨字形⟩ 諸字，不下數百見，先生考求吉金文字，及《說文》之說，證明 ⟨字形⟩ 即旬字。先生曰：

卜辭有 ⟨字形⟩ 諸字，不下數百見，案使夷敦云金十 ⟨字形⟩，屖敔敦蓋云金十 ⟨字形⟩，考《說文》鈞之古文作鋞，是 ⟨字形⟩ 即鋞字，⟨字形⟩ 即旬字矣。卜辭又有 ⟨字形⟩ 之二日語（見《鐵雲藏龜》第六葉），亦可證 ⟨字形⟩ 即旬字。余徧搜卜辭凡云貞旬亡 ⟨字形⟩ 者亦不下數百見，皆以癸日卜，知殷人蓋以自甲至癸為一旬，而於此旬之末卜下旬之吉凶，云旬亡 ⟨字形⟩ 者，猶易言旬无咎矣。日自甲至癸而一徧，故旬之義引申為徧，《釋詁》云：「宣，徧也。」，《說文》訓裹之勹，實即此字，後世不識，乃讀若包，殊不知勹乃旬之初字，匈字從車從勹，亦會意兼形聲也。」（《觀堂集林》卷六、〈戩壽〉二十八‧六）

案：《說文》云：「旬，徧也，十日為旬，從勹日，⟨字形⟩ 古文。」先生釋 ⟨字形⟩ 為旬，甚確。旬之意義有二，一為方名，卜辭云：「貞旬來？」（《庫方》三一九

片）又云：「戊子卜于多父旬」（《鐵雲》一五一‧二）此皆爲方名。一爲紀日之名，如「癸酉卜爭貞旬亡咎」（《殷虛書契前編》七‧十二‧二），此爲紀日之名。

三、考諸史志

先生考釋殷虛文字，既有求之金石文字、古文者，亦有考諸史志者。舉例如下：

釋　昱

卜辭中屢見甲、𣂑、𣆶、𣆶諸字，又或从日作𣆶，或从立作𣆶、𣆶諸體，先生初不知爲何字，後見小盂鼎有𣆶字與𣆶、𣆶二字相似，其文云：「寽若𣆶乙亥」，及考之《尙書‧召誥》與《漢書‧律曆志》、〈王莽傳〉，乃確知其爲「昱」字。

先生曰：

殷虛卜辭屢見甲、𣂑、𣆶、𣆶諸字，又或从日作𣆶，或从立作𣆶、𣆶諸體，於卜辭中不下數百見，初不知爲何字，後讀小盂鼎，見有𣆶字，與𣆶𣆶二字相似，其文云：「寽若𣆶乙亥」，與《書‧召誥》：「越若來三月」、《漢書‧律曆志》引逸武成：「寽若來二月」文例正同，而〈王莽傳〉載太保王舜奏云：「公以八月載生魄庚子，奉使朝用書，越若翊辛丑，諸生庶民大和會。」王舜此奏，全摹仿〈康誥〉、〈召誥〉，則〈召誥〉之若翌日乙卯、越翌日戊午，《今文尚書》殆本作越若翌乙卯、越若翌戊午，故舜奏仿之，然則小盂鼎之「寽若𣆶乙亥」，當釋爲「寽若翌乙亥」無疑也。又其字从日从立，與《說文》訓明日之昱正同，因悟卜辭中上述諸體皆昱字也。羅叔言參事嘗以此說求之卜辭諸甲子中有此字者，無乎不合，惟卜辭諸昱字，雖什九指斥明日，亦有指第三日、第四日者，視《說文》明日之訓稍廣耳。又案此字卜辭或作𣂑者，殆其最初之假借字，𣂑即鼠之初字，石鼓文「君子員邋」字作𣆶，从𣆶。《說文》囟部：「鼠、毛鼠也，象髮在囟上及毛髮鼠鼠之形。」𣂑則但象毛髮鼠鼠之形，本一字也。古音鼠立同聲，今立在緝韻，鼠在葉韻，此二部本自相近，故借鼠爲昱，後乃知加日作𣆶，爲形聲字。或更如小盂鼎作𣆶，爲一形二聲之字，或又省日作𣆶，則去形但存其二聲，古固有一字二聲者，

《說文》竊字注云：「禼廿皆聲。」又䵼字云：「次朿皆聲」，案石鼓文自有𣢑字，則䵼字自以𣢑爲聲，而石鼓之𣢑，即《周禮》巾車職之故書𨏈字，而石鼓文則作𣢑，其字朿次皆聲，正與□□諸字之立㬪皆聲同例也。卜辭又有祭祀名曰昱日，殆與肜日同爲祭之明日又祭之稱與。（《觀堂集林》卷六）

案：靜安先生求之金文，考之史志，釋爲昱字，至塙。惟云：「此字卜辭或作□者，殆其最初之假借字，□即㬪之初字。」此說似有可商。唐蘭《殷虛文字記》說，可補先生之不足。其言曰：

右翊字，知非羽日合文者，以卜辭每云：「翊日」也，王國維謂借㬪爲昱，後來加日作□爲形聲字，固誤。近人以□□□三字通釋翌亦非，卜辭云：「羽丁未翊于父丁」又云：「羽辛于口辛」則羽翊不應無別，明矣。翊字當从日羽聲，雍邑刻石作□與此同，以字例考之，蓋即羽之孳乳字也，古初字少，假借羽毛之羽以爲羽日，形聲字興，因注日於羽旁，而爲翊字矣。翊字之用未廣，或又假借从立羽聲之翊以爲之，其後更注日於翊旁。而𦐒字，小盂鼎之□是也。後世誤認翊從立聲，於是省𦐒爲昱，《說文》所載是也，蓋由羽演變而爲昱。（《文字記》十二葉下至十三葉上）

四、綴合甲骨

甲骨沉埋地下數千年，出土時往往斷折爲二，或折之爲三，甚或三片以上。先生乃發明綴合之法，使折片歸於完整，其作成果，雖僅一例，但影響深遠，於甲骨研究至有貢獻。

甲骨綴合始見於《戩壽堂殷虛文字考釋》第一葉第十版，先生曰：

此片與《殷虛書契後編》卷上第八葉第十四片，文字體勢大小全同，又二片斷痕合之若符節，蓋一片先折而爲二也。今合而讀之，其文曰：「乙未酒𢆶品田十、□三、□三、□三、示壬三、示癸三、大丁十、大甲十（下闕）」。此一辭中，有先公六、先王二。《史記·殷本紀》：「微（即上甲）卒，子報丁立，報丁卒，報乙立，報乙卒，子報丙立，報丙卒，子主壬立，主壬卒，子主癸立。」此田即上甲，已見前；□、□、□即報乙、報丙、報丁，示壬、示癸即主壬、主癸。惟此辭中□在□□之前，與《史記》報乙、報丙在報丁後者不

同，殆《史記》誤也。」

先生發明甲骨綴合，糾正《史記》之誤，實甲骨、古史二學之重大發現，裨益後世無窮。

五、考釋合文

甲骨文字往往有合文之現象，先生均能指其合文所在，於甲骨學之研究，頗具卓見。茲舉例如下：

1. 屮

卜辭云：「壬戌卜貞王屮臺□屮弋□」（續一‧二‧四）

先生曰：

屮疑业月二字合文，卜辭屢云月允不雨（《前編》卷三第三十一葉，又卷七第十四葉），之月猶言是月矣。（《戩》一、九）

案：先生釋屮為合文，確具卓見。惟业與屮不同，业為「生」字，屮為「之」字，就文義而言，釋「之」為勝，就字形而論，以「生」字為長。

2. 田

卜辭云：「至田王受又」（續一‧二‧六）

先生曰：

田者，上甲也。《魯語》：「上甲微能帥契者也，商人報焉。」字或作田，卜辭中凡田狩之田字，其□中橫直二筆皆與其四旁相接，而人名之田，則其中橫直二筆，或其直筆，大抵與四旁不接，與田字區別較然（間有與田字無別者，顯不多見，惟作田者，其下往往與田狩字無別。）田中之十，即古甲字（卜辭與古金文皆同），《說文》甲作甲，羅參事謂秦陽陵虎符作甲，吳天發〈神讖碑〉略同，皆从十，即古文甲也，∩□皆口之譌變也。卜辭他甲字皆作十，上甲之甲獨作田者，卜辭報乙報丙報丁作阝冏冏，甲在口中，與乙丙丁在匚中同意，其所以从口从匚則不可知矣。其作田，加一者，一即二（古文上字），卜辭或作甾（《書契後編》卷下第四十二葉），甾省作田，猶帝示諸字从上者，古文或从二或从一也（亦羅參事說），余曩作《殷卜辭中所見先公先王考》已證明田、甾即上甲，羅參事復為余從文字上疏通證明之，後見此編第一葉第十片與《殷虛書契後編》上第

八葉第十四片，乃一片折爲三者，合而讀之，文誼完具，其中先公先王以田、**〔甲骨字〕**、**〔甲骨字〕**、**〔甲骨字〕**、示壬、示癸、大丁、大甲爲次，與《史記》上甲微，以下世次小異，而人數全同，則田與囿即上甲之鐵證矣。

案：先生釋田、囿、**〔甲骨字〕**爲上甲，精確不可易，諸家均從之。

3. **〔甲骨字〕**

　　卜辭云：「丁丑卜貞王賓**〔甲骨字〕**彡亡尤」（續一・五・七）

　　先生曰：

　　　王賓謂先公先王。羅參事曰：祭者是王，則所祭者乃賓矣。《書・洛誥》王賓殺禋咸格，亦謂文王武王，《孔傳》釋爲成王賓異周公者，失之。**〔甲骨字〕**即**〔甲骨字〕**从己與从丁同。彡卜辭作彡者，羅參事曰：象彡彡不絕之意。文字屢見不可識，亡尤猶言亡咎，亡它矣。

　　案：**〔甲骨字〕**爲雍己之合文，始由先生之高弟吳其昌所發現。其言曰：

　　　〔甲骨字〕者，亦殷代先公先王之名也。其字作**〔甲骨字〕**、**〔甲骨字〕**、**〔甲骨字〕**、**〔甲骨字〕**……諸形，从口从己，當即「口己」二字之合文也。……凡祭**〔甲骨字〕**無不以「己」日，故知**〔甲骨字〕**即「口己」二字之合文矣。……然則此「口己」合文之「口」字，果爲何字乎。曰：此「邑」字古文作**〔甲骨字〕**者所从之「口」，亦即「宮」字卜辭作**〔甲骨字〕**作**〔甲骨字〕**者所从之「呂」或「呂」之單文，亦即《說文》「邕」字，籀文作**〔甲骨字〕**者所从之「呂」之單文，亦即古辟雍字，甲骨文作**〔甲骨字〕**者之原始初文也。《說文解字・巛部》：「邕，四方有水，自邕城池者，从川从邑。讀若雝；邕籀文邕。」按邕、邕、雝實一字也。契文「雝」字作**〔甲骨字〕**（前二・二四・二）**〔甲骨字〕**（前二・三六・一）**〔甲骨字〕**（前二・三六・二）**〔甲骨字〕**（前二・三六・三）諸形。羅振玉曰：「从巛（即水字）从口从隹，古辟雍字如此。辟雍有環流，故从巛。或从乙乃巛之省也，口象環土形，外爲環流，中斯爲環土矣。或从囗，與口同誼（鹽卣，受尊，亦均从口）。古辟雍有圂，鳥之所止，故从隹。伯雝父鼎作**〔甲骨字〕**，與此同。他金文或增口作邑，《說文》誤呂爲邑，初形益不可復見矣。」（增釋二・一一）按羅說悉是。「雝」字或从口，或从囗，此「口己」字，亦正或从口或从囗。更可證明，此口即**〔甲骨字〕**所構成之主體，此囗即**〔甲骨字〕**所構成之主體矣。且古辟雍之創建甚早，金文所載，則周康王時之麥尊，已有「在璧雝」之語。（《西清古鑑》八・三二）經典所載，則文王有聲之詩，已有「鎬京辟雍」之語，是知創自殷世，微瞭明白。……

故此口者，謂之「雖」字之省文，可；謂之「雖」字之初文，可；即謂之「雖」字之本字，殆亦無不可也。寧是可證 🄯 即「口己」之合文，而「口己」又即「🄯己」之舊寫耳。後人欲別口于「丁」恐人之訛爲「丁巳」也，斯每遇「口己」，必繁書爲「🄯」矣。以是經籍空懸「雍己」之名，而若無證，卜辭枉留「口己」之字，而苦不識矣。（《殷虛書契解詁》118 頁）

六、有未詳者

先生著書恒以極嚴謹之態度，有絲毫不自信，則不以著諸竹帛，其釋甲骨文字，凡有未識者，則曰未詳，而不強爲之解說。

1. 𢼸

卜辭云：「庚口（十）𢼸貞于王亥求（𣎴）年」（《殷虛書契續編》一・二・二，以下簡稱《續》。）

先生曰：

𢼸字，卜辭中數見。未詳。（〈戩壽堂所藏殷虛文字考釋〉第一葉第三片。以下簡稱〈戩〉）

案：𢼸（殳）爲卜人姓氏，卜辭中常見之卜人姓氏有爭、宁、箙、殷、仲、先、行、旅、即、立、何、尹、大……等。

孫詒讓曰：

疑當爲殳字，《說文》殳部：「殳，从上擊下也，从殳𡴆聲。」此从𢎒者即殳形，从𡴆或作肖者𡴆之變……。」

孫氏釋爲殳，其說可從。

2. 𣎴

卜辭云：「唐口（卜）殷貞于王亥𣎴年」（續一・二・二）

先生曰：

𣎴字未詳。余曩釋爲求字，然於此可云求年，於他處多不可通。（戩一・三）

案：𣎴釋爲求字，甚是，諸家均從之。卜辭多用於求先祖妣、求田、求禾、求年、求攸、求雨等。

3. 𠂤氐

卜辭云：「庚（戌）貞囗彳**𡥏**于田」（續一・二・五，又一・三・四重）

先生曰：「彳**𡥏**未詳，其意則為祭名。」（戩一・六）

案：彳當釋為升。即《儀禮・覲禮》：「祭山丘陵丘」之升。賈疏以為即《爾雅》：「祭山曰庪懸」之庪懸。《爾雅・釋天》郭注曰：「或庪或縣，置之於山。」《山海經》曰：「懸以吉玉，是也。」郝懿行《義疏》曰：「《公羊》僖三十一年疏引李巡曰：『祭山以黃玉及璧，以庪置几上，遙遙而眂之若縣，故曰庪縣』。孫炎曰：『庪縣，埋於山石曰庪，埋於山上曰縣』。按〈大宗伯〉注：『祭山林曰埋』，如孫炎說則庪縣即是理，如李巡說則庪為庋置，李說是也。」卜辭用升祭，當如李巡所說置黃玉及璧於几上，遙遙眂之而已。

𡥏當釋為歲。羅振玉曰：「从步戉聲，《說文解字》作戌聲，卜辭中又有**𢧜**字，亦作**𡥏**，以歲字例之，當為歲月之月。」（增考中十六葉下），王襄曰：「**𡥏**古歲字滑文」（簠考歲時一葉下），于省吾曰：「卜辭戉字作**𡥏**，**𢧜𡥏𢧜𢧜**等形，孫詒讓釋戉（舉例下十九）容庚謂子未子釜**𢧜**字當釋歲，卜辭正同」（《國學季刊》一卷四號〈甲骨文字之發現及其考釋〉）。……「按**𢧜**為歲之初文，應從戉聲，古文**𢧜**戉有別，然均象斧之納柲形，後以用各有當，因而岐化矣，容說是也。……**𢧜**字上下二點即表示斧刃尾端迴曲中所餘之透空處也，其無點者省文也。」（駢續一至二頁釋**𢧜**）李孝定曰：「郭某詳論戉歲之關係及歲星名歲之故，既極精當，惟說**𡥏**之字形則小誤。于氏之說是也。按于氏文內所附圖二作**⬤**形，正與卜辭作**𡥏**，金文作**𢧜**者相似，其說不可易也。」（《甲骨文集釋》卷二）諸家之說均釋為歲，葉玉森疑為古文戚，非是。

4. **𢀖**

卜辭云：「丁酉卜即貞后祖乙**𢀖**十牛四月」（續一・十六・二，後上一六・二）

先生曰：「**𢀖**字未詳，殆亦用牲之名。」（戩三・七）

案：召為旤之省，祭名。卜辭云：「庚寅卜貞翌辛卯旤于祖辛亡旤」又「丙甲卜行貞翌丁酉旤于祖丁亡旤」（續一・十八・五）先生曰：「**𢀖**祭名。旤羅參事釋為它。」（戩五・四）《說文》無旤字，惟旤部有協字，訓「眾之同和也」。《方言》：「協，合也」。《詩》邕箋：「祫合也。」是協、祫同義。《說文》：「祫，大合祭先祖親疏遠近也。」吳其昌：「旤祭或旤日祭，恒為既祭後伐先王，因而上祭前代先王之專名。」董彥堂曰：「旤祭之旤，卜辭中以為協合字，

在祭祀專名中，亦當爲協合之義，蓋此種𠷎祭在最後舉行，或同時聯合他種祀典一並舉行之也。」召爲𠷎之省，卜辭之𠷎爲祭名。諸家均無異說。

5. □

卜辭云：「丁□鬯卯叀牛王受又」（續一・十八・四）又云：「□新鬯二□一卣二」（續一・四十・五）

先生曰：

□字未詳，疑古勺字。□象勺形，一其實也。曶敦云：「佳四月初吉丁卯，王蔑曶曆，錫牛三，曶既拜稽首，□于厥文祖考。」彼□字與此□字正同，彼爲夏祭，當假借爲礿祭之礿，此云：「鬯二□一卣二」，則當爲挹鬯之勺，卣所以盛鬯，勺所以挹之，故二者相符。（戩二十五・十）

案：陳邦福同意靜安先生之說，曰：「王國維釋勺至確」。葉玉森以爲升字，曰：「此爲升字，八疑象溢米散落形。」于省吾曰：「□與卣並舉，當爲容器，□即今必字。……葉誤仞□爲□，惟以□象溢米散落形，近是。□即必，當爲祕之秘文。……《廣雅・釋器》：『柲柄也』，柲無以爲象，須假器物以明之，从□象某種量器，米點散落，下象斜柄，从丿所以示其柄之所在，蓋指事字也。柲字从木，乃後起字。……綜之，□即必字，當爲柲之初文，从□从丿，丿示柄之所在，指事字也。《說文》以必爲从八弋聲，誤以指事爲形聲，而聲亦不符，契文假必爲祀神之密室，字亦作祕，金文作宓，从宀而密室之義益顯矣。」（駢枝三），李孝定曰：「所假器物即爲升，造字者恐與升提，特於柄之下拂曲斜出，更於其折處著一斜書，以示必之爲必，以別於升斗升本字也。」（《集釋》卷二），其說是也。

6. □甲

卜辭曰：「（甲）子卜即貞王穷□甲𣪘亡尤」（續一・五十一・一，通纂一一七）

先生曰：「□甲蓋亦殷先祖之名，未詳。」（戩八・十）

案：董彥堂以其字像虎形，乃釋爲「虎甲」，其言曰：「虎甲即沃甲，有虎祖丁即沃丁可證。虎甲之辭凡十一見。」吳其昌曰：「今按董氏定□之爲虎甲，實至確不易，但當增從『口』作『唬』耳。」（《殷虛書契解詁》二〇四頁）其說至確。

7. 〔甲骨字〕

卜辭曰：「辛巳卜㲉貞王虫〔甲骨字〕（疾）伐〔甲骨字〕（方）受（虫又）」（續三・十二・五，佚存二三）

先生曰：

〔甲骨字〕字未詳。毛公鼎有〔甲骨字〕字，虢季子白盤有〔甲骨字〕字，殆與此爲一字。〔甲骨字〕口象盛物之器，从〔甲骨字〕从〔甲骨字〕其意一也。又召伯虎敦有〔甲骨字〕字，从兩〔甲骨字〕相背。此从兩口相向，疑亦一字。彼三字前人皆釋爲庸，雖無確證，然卜辭有〔甲骨字〕疾（《前編》卷四第 44 頁），其辭曰：「貞今口从〔甲骨字〕疾虎伐〔甲骨字〕方受之又」，與此辭紀事略同，而語加詳。則〔甲骨字〕者國名，疑即邨廊之廊，商器中屢北子（即邨子），卜辭又有廊疾，則邨廊固殷之舊國矣。此辭中伐下一字未全，彼辭作〔甲骨字〕，亦國名。

案：〔甲骨字〕字，丁山釋蒙，郭沫若釋匡，唐蘭釋倉，觀其字形以倉爲勝。

8. 〔甲骨字〕

卜辭云：「口口卜（貞王）宠口〔甲骨字〕（亡）尤」（續九・十）

先生曰：

〔甲骨字〕未詳。卜辭有〔甲骨字〕日，亦作〔甲骨字〕日。（並《前編》卷四第四葉）羅參事釋爲哉日，殆與肜日翌日等，同爲祭名。案戎都鼎有此字作〔甲骨字〕，戎都敦作〔甲骨字〕，與《說文》熾之古文〔甲骨字〕相似。今此字作〔甲骨字〕，或即哉字。《說文》哉之音義闕，《古文尚書》假爲厥土赤埴墳之埴，虞氏易以爲朋盍簪之簪。

案：卜辭之〔甲骨字〕亦作〔甲骨字〕，諸家考釋皆隸定爲哉，是也。

七、有疑即者

先生立說嚴謹，其釋甲骨文字，有曰未詳者，亦有曰疑即者。曰疑係者，茲舉例如下：

1. 〔甲骨字〕

卜辭云：「貞不其㱿」又：「戊戌卜貞今夕㱿」，又：「貞不其㱿」（續四・三十六・七，又七・二十三・十一重，通纂三九）。又云：「翌丙寅不其㱿」（續四・三十六・五），又云：「癸巳（卜貞）翌甲（午）㱿甲雀。六月」（續四・三十六・八，通纂四一五），又云：「貞翌乙亥㱿」（續四・三十六・

十，又六・二十四、十四重），又云：「不啟其雨」（續四、二十三、九）
先生曰：

案上諸改字，从又持戶，義當爲启，疑即啟之借字，《說文》：「啟雨
而晝姓也」，此條改字之上，有从日之迹，知正作啟矣。至云：「不
啟。其雨」，與《說文》啟字之訓正合。

案：釋啟甚確。孫海波曰：「从又从启省，古通啟。」（《甲骨文編》三卷
十五葉）

2. ♂

卜辭云：「貞追氏牛」（續一・四十八・七）

先生曰：「♂疑追字之省。」

案：卜辭中♂、♂、♂、♂字多見，先生釋爲追甚確。

3. ⊟

卜辭云：「壬年卜貞于⊟」（續一・五十・三，前編一・四九・五）

先生曰：「冒疑亦人名。」

案：冒爲人名，甚確，一爲先公之名，如「酒寅于冒」（佚存四九一），
一爲生人之名，如「貞子冒免放」（乙編二六一四）。

4. ♂（♂、♂）

卜辭云：「更♂田亡戈」（續三・二十五・七）

先生曰：「♂疑古畫字，乂象錯畫之形。吳尊蓋畫作♂，彔伯敦蓋作♂。」
（戩十一・二）

案：釋畫甚確。董彥堂曰：「畫之地果何在？今日可考者，則爲臨淄西南
一小邑。《孟子》：『孟子去齊宿于畫』，即其地。……《史記・田單列傳》贊：
『燕之初入齊，聞畫邑人王蠋賢，令軍中曰：環畫邑三十里無入。』《集解》
引劉熙曰：『齊西南近邑』。據此可知，畫在戰國時，爲齊西南之近邑，其地
當甚古，殷稱東畫，齊正在殷之東，是即戰國時畫邑無疑。」（乙編第五冊）
魯實先先生同意王襄據吳大澂之說釋爲肅字。王孫鐘肅作♂，與篆文同，並
从聿从肅，與此从又者迴別，作肅似有可商。

綜觀先生殷虛甲骨文字之考釋，其釋字精審，有無可易者，其甲骨綴合
之發明，合文之發現皆甲骨學研究之一大突破，殷代先公先王之考證，足正
史志之譌誤，有裨於經史二學者甚多，誠甲骨學之功臣也。惟殷虛甲骨沉埋

地下三千餘年，亦有不可識者，如 、、、、……等是。民國六十九年嚴一萍先生亦有《戩壽堂所藏殷虛文字考釋》之撰著，其材料增多，考釋較詳，嚴氏之重大收獲有二，一曰發現靜安先生漏釋三片，一曰 為小甲之辨認。嚴先生曰：

> 甚矣著作之難也。昔王國維先生撰〈戩壽堂所藏殷虛文字〉，時在民國五年，世際承平，居愛儷園中，窗明几淨，心曠神怡，凝思寫作，毫無塵事之紛擾，故能字字楷書，一字不苟。其用心之專，足爲後學所矜式。然以如此專一，而者疏忽者三，迄今亦無人發現。
>
> 其一爲第十二頁，共有十四片，漏釋第三片，致全頁僅釋十三片。
>
> 其二爲十七頁，共有十八片，漏釋第十五片，致全頁僅釋十七片。
>
> 其三爲第十四頁，共有十八片，第十五片重寫作第十四頁，致全頁僅寫至十七片止。
>
> 此三者爲今次重寫《考釋》所發現。(〈戩壽堂所藏殷虛文字考釋序〉)

嚴氏又曰：

> 其中之「」，舊均不識，余以世系及祀典考之，實爲「小甲」二字之合文。郭氏隸定「采」(粹編)，不以爲先王，大誤。他辭亦有，如甲骨文錄七七七片曰，「口口 (卜貞王) 窆口亡固」。甲編八七〇片曰：「甲申卜彡 廿一」。本片爲朱書，筆畫多已磨滅不清，而小甲作，則殊清晰。最足以證明爲小甲者，乃祖甲時記五種祀典之一片卜辭，此爲卡內基博物館所藏，先發表於庫方二氏藏甲骨卜辭一二九四號，今爲美國所藏甲骨錄之 uss 二九七號，圖之如下：

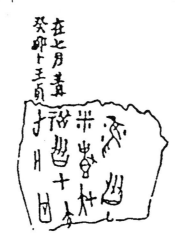

補足其文當是：

「（癸卯卜王貞）旬亡囚（在七月彗）示癸咎甲寅小甲壹大甲佳咎
囗」。（嚴氏戩考第一葉第十片）

嚴氏考釋精詳，米爲小甲之辨認，誠甲骨學之大突破也。學問之事，後出轉
精，王靜安先生之作，今又得嚴氏爲之補正，益愈彰顯先生甲骨學之貢獻也。

第四節　王靜安甲骨學之貢獻

一、發明甲骨綴合之法

甲骨片沉埋地下三千餘年，其質脆弱，挖掘出土後往往斷分爲二片或三
片，甚或三片以上，亦有上半留於中國，而下半流失於海外者，此種情形就
學術研究而言，至爲不利，靜安先生乃發明綴合之法以研究甲骨文，冀使甲
骨折片歸於完整。其工作成果，雖僅見一例，但於甲骨學之研究，已產生極
深遠之影響。

綴合甲骨始見於先生之《戩壽堂所藏殷虛文字考釋》，其第一葉第十版下云：

此片與《殷虛書契後編》卷上第八葉第十四片，文字體勢，大小相
同。又二片斷痕，合之若符節，蓋一片折而爲二也。」

綴合後，其文如下：

乙未，酒茲囗田十、可三、引三、囚三、示壬三、示癸三、大丁十、
大甲十（下闕）。

其圖版如下：

　　靜安先生於《古史新證》中，即用甲骨綴合之法，以考定殷之先公先王世系，爲研究古史之一大發明。其後董作賓復綴合四斷片，文爲「自上甲、大乙、大丁、大甲、大庚、大戊、中丁、且乙、且辛、且丁、十示牽牡。」證明十示之義，是爲王統之直系。先生前所考定中丁爲大戊子，且乙爲中丁子之說，亦由此得到證明。

　　自先生揭示綴合之法，往後學者，每於零折之甲骨片中求其可以綴合之跡，而爲治甲骨文之又一途徑。

二、訂正《史記》之訛誤

　　殷之先公自上甲微以下，《史記‧殷本紀》及〈三代世表〉均以報丁、報乙、報丙、示壬、示癸爲序，靜安先生於卜辭發二折片，合之，則其文爲「乙未酒品上甲十、報乙三、報丙三、報丁三、示壬三、示癸三、大丁十、大甲十（下闕）」（〈先公先王續考〉），正以甲、乙、丙、丁、壬、癸爲序。據此，確證上甲以下諸人名，得以糾正三千餘年《史記》諸書之誤。

　　卜辭中有「王亥」，亦即《山海經‧大荒東經》爲有易所殺之王亥，郭注引古本《竹書紀年》之殷王子亥，《楚辭‧天問》「該秉李德」之該，《呂覽‧勿躬篇》「王冰作服牛」之王冰，《世本》作篇「胲作服牛」之胲，〈帝繫篇〉之核，《史記‧殷本紀》及《三代世表》之振。靜安考證王亥即殷之先祖，古籍中之垓、核、該、胲均其誤字，其後又訛爲冰，或訛爲振，足以訂正古籍及《史記》之誤。董作賓先生曰：「甲骨文的初步研究上，能夠把王亥看作一個人名，把孫詒讓認爲立字的，斷定是王字，這已是不太容易了，王氏更把〈殷本紀〉訛爲振的，考定是王亥，尤其令人驚奇。一個亥字，在許多古籍中，增加了偏旁，成爲垓、核、該、胲，還算保存著原狀的一半，等到又從核訛爲振，或訛爲冰，就不容易找到原形了，王氏能細心對證，考定了卜辭中的王亥，就是〈殷本紀〉中的振，確是難得。」（《甲骨學五十年》）

　　先生當司馬遷後二千餘年，反能訂正《史記》之訛誤並補其缺遺，實爲古史研究之一大貢獻。

三、甲骨斷代之研究

　　王靜安先生爲甲骨斷代研究之第一人。所謂「斷代」者，即是據出土或傳世之器物，就其形制、紋飾及銘文，考證其所屬之年代。

　　安陽小屯村所出土之甲骨爲殷商後期產物，其時代自盤庚遷殷以迄帝辛亡國，歷時二百七十三年，經歷九世王朝，吾人必確知某片甲骨，係屬某一王朝所有，乃能益增進其歷史之價值。靜安先生遂由「稱謂」入手，以判定甲骨所屬之年代。《殷虛書契後編》上卷二十頁第五片卜辭，其文如下：

　　　　甲辰卜，貞，王賓求祖乙、祖丁、祖甲、康祖丁、武乙，其无尤。

　　王靜安先生曰：「武乙以前四世爲小乙、武丁、祖甲、康丁。祖乙即小乙，祖丁即武丁，非河亶甲之子祖乙，亦非祖辛之子祖丁。」由此即可判斷爲文丁時物。

　　又《後編》上卷二十頁第九片卜辭，有「父甲一牡，父庚一牡、父辛一牡。」靜安先生由此判斷曰：「此當爲武丁時所卜，父甲、父庚、父辛，即陽甲、盤庚、小辛，皆小乙之兄，而武丁之諸父也。」以上二例，皆由「稱謂」以斷定其年代。

　　王氏以「稱謂」判斷甲骨之時代，雖極科學又極正確，但以此判定其年代之甲骨，終究有限，董作賓先生得先生之啓發，於民國十九年從事斷代之研究，提出以世系、稱謂、貞人、坑位、方國、人物、事類、文法、字形、書體等十項方法（見《慶祝蔡元培先生六十五歲論文集》〈甲骨文斷代研究例〉）其中又以「貞人」爲最重要，學者稱之爲「貞人斷代」。從此甲骨文可由上述十項方法以斷定其時代，因之殷代自盤庚以下可分爲五期：

　　第一期：盤庚、小辛、小乙、武丁（二世四王）

　　第二期：祖庚、祖甲（一世二王）

　　第三期：廩辛、康丁（一世二王）

　　第四期：武乙、文武丁（二世二王）

　　第五期：帝乙、帝辛（二世二王）

　　董氏「貞人斷代」即是以貞人集團區分時代之法，認爲同一甲骨片之貞人即屬同一時代，第一、二、三期皆爲貞人集團，第四期爲不錄貞人之時期，第五期爲王親卜貞之時期，其後一九三九年董氏於《殷虛文字乙編》自序中又改正第四期爲貞人集團，貞人有　、　、余、子、　、史、幸、　、叶、勺、匚、我、　、車、萬、　、取，其他各期亦有補充。

　　董氏貞人之說，爲甲骨學劃時代之創見，後之學者皆未有反對之說，惟分期有異而已。胡厚宣以董氏三、四期難以劃分，遂併之爲第三期，全期區分爲四期。陳夢家以武丁至帝辛間爲七世九王，分全期爲九：1. 武丁時期

有賓組、午組。2. 武丁晚期有𠂤組、子組。3.祖庚有出組兄群、出祖大群。4. 祖甲有出組大群、出組尹群。5. 廩辛有何組。6. 康丁卜人不記名。7. 武乙有貞人歷。8. 文丁卜人不記名。9. 辛乙、帝辛有貞人黃、派、犕、夕、尺。

　　民國七十一年，嚴一萍先生亦有《甲骨斷代問題》之專著（藝文印書館出版），其中有補正董氏之說者，並駁正大陸學者「𠂤組早於賓組」之說。

　　以科學之考古學方法，從事甲骨斷代之研究者，有劉淵臨先生之《卜骨上攻治技術的痕跡演進過程之探討》（《中央研究院歷史語言研究所集刊》四十六本第一分），係由攻治技術痕跡之時代以斷甲骨之時代，其分期與上述諸家不同，其斷代標準如下：

　　甲骨斷代之重要，乃在於考證甲骨所屬之年代，據之以研究古史；繼先生之後，董彥堂諸家研究，其所以能有所創獲者，實皆得力於靜安先生之啓發也。

四、殷代世系之考證

　　王靜安先生從卜辭中考證殷代之世系，撰有《殷卜辭中所見先公先王

考》，書成於丁巳二月（民國六年 3 月），羅振玉一見即驚爲絕作，且爲證成上甲二字之釋，此考於殷世系之考證頗爲精確，考定殷代先公先王有帝嚳（高祖夋𦏵）、相土（𝚯）、季、王亥、王恒（𝖟）、上甲（⊞）、報丁（匚）、報丙（⊡）、報乙（𝖟）、主壬、主癸、大乙、羊甲等十三人。先生自序其發現之經過云：

> 甲寅歲暮，上虞羅叔言參事撰《殷虛書契考釋》，始於卜辭中發現王亥之名，嗣余讀《山海經》、《竹書紀年》，乃知王亥爲殷之先公，并與《世本》作篇之胲、〈帝繫篇〉之核、《楚辭·天問》之該、《呂氏春秋》之王冰、《史記·殷本紀》及〈三代世表〉之振，《漢書·古今人表》之垓，實係一人。嘗以此語參事及日本內藤博士（虎次郎），參事復博蒐甲骨中之紀王亥事者得七八條，載之《殷虛書契後編》，博士亦采余說，旁加考證，作〈王亥〉一篇，載諸《藝文雜誌》，并謂自契以降諸先公之名，苟後此尚得於卜辭中發見之，則有禆於古史學者當尤鉅。余感博士之言，乃復就卜辭有所攻究，復於王亥之外得王恒一人。案《楚辭·天問》云：「該秉季德，厥父是臧。」又云：『恒秉季德。』王亥即該，則王恆即恆，而卜辭之季之即冥，至是始得其證矣。又觀卜辭中數十見之田字，從甲在口中，及通觀諸卜辭而知田即上甲微，於是參事前疑卜辭之𝖞𝖟𝖟即報乙、報丙、報丁者，至是亦得其證矣。又卜辭自上甲以降皆稱曰示，則參事謂卜辭之示壬、示癸，即主壬、主癸，亦信而有徵。又觀卜辭，王恒之祀與王亥同，太丁之祀與太乙、太甲同，孝己之祀與祖庚同，知商人兄弟，無論長幼與已立未立，其名號典禮蓋無差別，於是卜辭中人物，其名與禮皆類先王而史無其人者，與夫父甲兄乙等名稱之浩繁求諸帝系而不可通者，至是亦理順冰釋，而《世本》、《史記》之爲實錄，且得於今日證之。又卜辭人名中有𦏵字，疑即帝嚳之名，又有土字，或亦相土之略，此二事雖未能遽定，然容有可證明之日。由是有商一代先公先王之名，不見於卜辭者殆鮮。

先生又云：

> 有商一代二十九帝，其未見卜辭者，仲壬、沃丁、雍己、河亶甲、沃甲、廩辛、帝乙、帝辛八帝也。而卜辭出於殷虛，乃自盤庚至帝乙時所刻辭，自當無帝乙、帝辛之名，則名不見於卜辭者，於二十

七帝中實六帝耳。

民國六年四月中旬，靜安先生又有《續考》之作，以修訂、補充前考之不足。繼王靜安先生之後，又有吳其昌、董彥堂、郭鼎堂、胡厚宣諸家之研究，至今殷代先公先王之未見於卜辭者，僅昭明一人而已。

五、重建殷商之信史

王靜安先生爲創以甲骨研究古史之第一人，其《殷卜辭中所見先公先王考》及《續考》之作，證明王亥即殷之先祖，天乙爲大乙之誤，《史記・殷本紀》報丁、報乙、報丙之次，當爲報乙、報丙、報丁之誤，又從甲骨文與《楚辭》中證明王亥之弟即是——恆，均確切而不可易者。

先生生當疑古風氣盛行之世，其發明以地下材料之甲骨金文以補正紙上材料之二重證據法，用以研究古史，往往有驚人之發現，其重建殷商之信史，喚醒極端疑古人士好以神話解說古史者之迷夢，居功厥偉。屈萬里先生云：

> 甲骨文字雖然發現於清光緒二十五年，而用它來證史，則始於王國維。自從王國維作了《殷卜辭中所見先公先王考》和《續考》以後，研究甲骨文的學者，在討論殷史方面，已得到不少的成績。

又云：

> 證實了殷先公自上甲以下的次序，是報乙、報丙、報丁，而不是像《史記》和《漢書・人表》的次序——報丁、報乙、報丙，他證實了殷中宗是祖乙而不是大戊。他證實了祖乙是中丁的兒子而不是河亶甲的兒子。另外，關于殷代帝王的世系，《史記》和《漢書・人表》不合的地方，都證實了是《漢書・人表》之誤。他固然糾正了《史記・殷本紀》不少的錯誤，可也證實了〈殷本紀〉所紀殷代帝王的世系大致正確可信。這告訴人對於《史記》所記的古史，固然不能全盤相信，但也使善疑的人們對於《史記》增加了不少的信心。利用甲骨文的材料，重建殷代的信史，王國維的這兩篇文章，無疑地是開山之作。（《中國傳統古史說之破壞和古代信史的重建》）

屈先生推崇王靜安先生以甲骨材料重建殷商之信史，可謂天下之公論。

第四章　王靜安先生之金石學

第一節　概　說

　　王靜安先生曰：「書契之用，自刻畫始，金石也，甲骨也，竹木也，三者不知孰為後先，而竹木之用為最廣。」然竹木之用，至南北朝之終而全廢；甲骨之用，僅限於殷商一朝；惟金石之用，自上古以迄現代，無時或間，其用特著，其為學者所注意，所研究者亦最早，故金石二字最為吾人所熟知。

　　王嘉《拾遺記》曰：「黃帝以神金鑄器，皆有銘題。凡所造建，皆記其年時。」此為銘金之始。《事祖廣記》引《管子》曰：「無懷氏封泰山，刻石紀功。」此刻石之始也。以上所引為小說家言，固未可據信，然《墨子‧尚賢》、〈兼愛〉、〈天志〉、〈非命〉、〈明鬼〉、〈貴義〉、〈魯問〉諸篇，類有：「古者聖王，……書於竹帛，鏤於金石，琢於盤盂，傳遺後世子孫。」之語，〈秦琅琊臺刻石〉亦曰：「古之帝者，地不過千里，諸侯各家守其封域，或朝或否，相侵暴亂，殘伐不止，猶刻金石以自為紀。」可見周秦人皆信古有鏤金銘字之事。

　　金石二字之連詞，見於載籍者，以《墨子‧尚賢》、〈兼愛〉諸篇「鏤於金石」為最早。其見於金石刻者，有〈琅邪堂刻石〉：「猶金石以自為紀」，〈繹山刻石〉：「金石刻，蓋始皇帝所為也。」見於漢碑者，有〈孝女曹娥碑〉：「銘勒金石」，〈沛相楊君碑〉：「載名金石」，〈北海淳于長夏君碑〉：「勒銘金石」……等所見甚多。

　　金石之成為學術上之名詞者，蓋始自曾鞏之《金石錄》。金者又稱「吉金」，蓋以周代彝器之銘，多曰吉金，吉金者取其堅結之意也，石者又稱「樂石」，

如〈秦繹山刻石〉曰:「刻此樂石」,樂者蓋言其石之美也。

金者以彝器爲大宗,旁及兵、、度量衡器、符璽、錢幣、鏡鑑等物,凡古銅器之有銘識或無銘識者皆高之。石者以碑碣墓誌爲大宗,旁及摩厓、造象、經幢、柱礎、石闕等物,凡古石刻之有文字圖象者皆屬之。「金石學」乃研究中國歷代金石之名義、形式、制度、沿革,及其所刻文字圖象之體例,作風,上自經史考訂、文章義例,下至藝術鑑賞之學問也。

許慎〈說文解字敘〉曰:「郡國亦往往於山川得鼎彝,其銘即前代之古文。」是漢時已有探討古銅器之文字者,自漢以後,古器之出土,代皆有之,隋唐以前,雖頗見於史,然以識之者寡,記之者復不詳,其文字存於今者,惟美陽,仲山甫二鼎與秦權、莽量而已。趙宋以後,古器頗出,秘閣太常既多藏庋,士大夫亦往往多有。而成爲專門學問之研究者,則始自劉敞之《先秦古器記》。

靜安先生曰:「金石學者有宋一代之學。」呂大臨有《考古圖》及釋文、王黼有《宣和博古圖》、歐陽修有《集古錄》、趙明誠有《金石錄》、黃博思有《東觀餘論》、張掄有《紹興內府古器評》、董迿有《廣川書跋》、薛尙功有《鐘鼎款識法帖》、無名氏有《續考古圖》、王厚之有《復齋鐘鼎款識》之撰著,王靜安先生乃據以上諸書,撰《宋代金文著錄表》,凡得六百四十有三器,除疑僞器十九,秦漢以後器六十,三代器實得五百六十有四。

元明兩代,金石學中衰,元僅楊鉤之《增廣鐘鼎篆額》、明僅曹昭之《格古要論》、王佐之《新增格古要論》稍有可觀。明纂錄古字之書,有豐道生之《金石遺文》、李登之《摭古遺文》、朱時望之《金石韻府》、釋道泰之《集鐘鼎古文韻選》、方仕之《集古隸韻》等書,皆分韻編次,大抵傳寫失眞,頗爲舛陋。而鮑鼎《元明金文表》所著錄者,則有一百二十三器,皆無關重要。

暨乎清代,斯學復興。乾隆初,命儒臣內府藏器爲《西清古鑑》,後又撰《寧壽鑑古》及《西清續鑑》甲乙編,於是海內士大夫聞風承流,其集諸家器錄爲專書者,則始於阮元之《積古齋鐘鼎彝器款識》,而莫富於吳式芬之《攈古錄金文》。其著錄一家藏器者,則始於錢坫之《十六長樂堂古器款識》,而訖於陶方之《陶齋吉金錄》。靜安先生即據清人所爲吉金圖錄之書,作《國朝金文著錄表》。凡得三代器三千四百七十有一,列國先秦器九十有八,漢器六百十有六,三國至宋金器百有十,共四千二百九十有五,除宋拓及疑僞器外,得三千九百八十有三器。

　　靜安書成於民國三年八月，其所不及見者尚多，丹徒鮑鼎因復據續出之書，及原表未列之《西清古鑑》、《西清續鑑》及《寧壽鑑古》三書，作《國朝金文著錄表補遺》，書成於民國十年初秋。

　　民國建立以來出版之書甚多，如吳大澂《愙齋集古錄》、關百益《新鄭古器圖說》、容庚《頌齋吉金圖錄》、于省吾《雙劍誃吉金圖錄》、方燠經《楚寶齋藏器圖釋》、劉體智《善齋吉金錄》、方濬益《綴遺齋彝器款識考釋》、商承祚《十二家吉金圖錄》、劉節《壽縣所出楚器圖釋》、郭鼎堂《兩周金文辭大系圖錄》……等，均爲王、鮑二氏之表所未及列入，若併宋元明清及民國所著錄之金文合計之，約在萬器以上，至其文字，據容庚《金文編》所收者，共一千八百九十四字，重文一萬三千九百五十字，附錄一千一百九十九字，重文九百八十五字，此編分正續兩編，正編爲殷周金文，續編爲秦漢金文，金文中可識未識之字，大體見於是矣。

第二節　金石研究

　　金石之學，興盛於宋代，中衰於元明，復興於清代。清之中葉，金石之研究大有凌駕於前人之勢，自阮元、王昶、馮雲鵬、祁書齡，以迄吳式芬、吳大澂諸家所著錄之鐘鼎彝器大約四倍於宋人，研究專著亦達數十種之多。後瑞安孫詒讓先生治金文四十年，所見彝器達兩千種以上，其治學精勤，考證嚴謹，創獲尤多，卓然自成一家。其後羅振玉、王靜安先生又有後來居上之勢，羅氏收藏之富，遠過阮、吳諸家之所藏，王氏之金文研究又超越前賢，其所檢校，所考訂金石文字非一般學者所能望其項背。

　　靜安先生金石文字之研究，始於流寓日本京都之時，民國三年先有《宋代金文著錄表》、《國朝金文著錄表》之撰著。我國素來不重視索引之書、目錄之學，諸家金石著錄往往有同器異名，或同名異器者，其稱名互異，紛歧錯出，幾於神昏目眩，未可究詰之地，先生此書一出而學者稱便，金文家容庚曰：「十年前，余始治彝器文字，欲補吳大澂《說文古籀補》，乃讀各家著錄金文之書，同器異名、同名異器，苦於檢索，讀先生《宋代金文著錄表》、《國朝著錄表》二書，大喜，家貧不能得，乃假友人盧貫藏本手錄之。並得讀其他關於金石之作，未嘗不愜於心。民國十二年夏，先生來京師，北京大學研究所國學門開歡迎會，余得趨謁焉。冬，《金文編》寫完，就正於先生，

先生為舉正四五十事，至是過從日密。」（〈王國維先生考古學上的貢獻〉）

先生繼「兩表」之後，又有《兩周金石文韻讀》、《兩漢金石文韻讀》之作。較金壇段氏之《六書韻表》為進步，先生列出金石全文，並注明其韻腳所在，吾人可從其中比對原文，而知其歧異之所由，《兩周金石文韻讀》，錄有金識三十七，其時代自宗周以迄戰國之初，國別如杞、鄧、邾、婁、徐、許等，并出〈國風〉十五之外，求其用韻與詩三百篇無乎不合，其足以補證諸家韻書之所缺漏者多矣。

鐘鼎彝器之研究，因諸家著錄稱名互異，其名稱之釐訂，乃為著錄之先決條件，名之待正者有二，一為類名，一為主名，古人於此，多所疏忽，或舫而曰匜，則誤其類矣，或甲鼎而曰乙鼎，則誤其主矣。靜安先生既有《金文著錄表》之作，又據宋人之所定者，及清人之所命名者，作〈說斝〉、〈說盉〉、〈說舫〉、〈說彝〉、〈說俎〉諸篇，統名曰《古禮器略說》。其明「散」實為「斝」之訛，「乙類匜」之為「舫」，「盉」為調酒器而非調味器，「彝」為禮器之總名。皆宋清兩代之所忽略而誤認者，得靜安之說始得正之。

靜安先生又有《觀堂古金文考釋》五卷（〈毛公鼎考釋〉、〈散氏盤考釋〉、〈不娰敦蓋考釋〉、〈盂鼎銘考釋〉、〈克鼎銘考釋〉）其〈毛公鼎考釋〉云：

> 顧自周初迄今，垂三千年，其詫秦漢亦且千年，此千年中，文字之變化，脈絡不盡可尋，故古器文字有不可盡識者，勢也。古代文字，假借至多，自周至漢，音亦屢變。假借之字，不能一一求其本字，故古字文義有不可強通者，亦勢也。自來釋古器者，欲求無一字之不識，無一義之不通，而穿鑿附會之說以生。穿鑿附會者，非也，謂其字之不可識，之不可通，而遂置之者，亦非也。文無古今，未有不文從字順者，今日通行文字，人人能讀之，能解之，詩書彝器，亦古之通行文字，今日所以難讀者，由今日之知古代，不如知現代之深故也。苟考之史事與制度文物，以知其時代之情狀；本之詩書，以求其文之義例。考之古音，以通其義之假借；參之彝器，以驗其文字之變化，由此而之彼，即甲以推乙，則於字之不可釋，義之不可通者，必間有獲焉。然後闕其不可知者，以俟後之君子，則庶乎其近之矣。

此先生自述其攻究之法，而示吾人以津梁，金針度人，十分可貴。

靜安先生之石文研究，有〈魏石經考〉、〈續考〉之作，蓋以漢之《熹平石經》，魏之《正始石經》，其經數、數目、石數，史志諸家所記不一。漢石

經，《後漢書》或云五經，或云六經，《隋志》云七經，其石數則有四十、四十六、四十八、五十二之不同。魏石經，其經數有二經、三經之不同，石數有二十五、三十五、四十八之不同，眾說紛紜，先儒均不得詳，靜安先生乃有〈魏石經考〉及〈續考〉之作。論斷漢石經之經數，莫確於《隋志》，即《易》、《書》、《儀禮》、《春秋》、《公羊》、《論語》。其石數莫確於《洛陽記》，即四十六碑。魏石經之石數以《西征記》為確，即石數三十有五；其經數，則《尚書》、《春秋》外，尚有《左傳》本未刊成者，合為三經。先生又論石經之文，除《論語》不立博士外，餘皆立於學官之經。先生之考釋石經文字，其可以正《說文》之誤者，有配字與智字。

先生兵符之研究，有〈新郪虎符跋〉、〈秦陽陵虎符跋〉、〈記新莽四虎符跋〉、〈隋銅虎符跋〉、〈偽周二龜符跋〉、〈元銅虎符跋〉等六文，或考古兵符之制度，或辨明其年代，或考定其缺文，或辨明器物之真偽，於古兵符之考證，頗具貢獻。

古玉研究，則有〈說玨朋〉與〈說環玦〉之撰作。前者以字形、字音證明「玨」「朋」本為一字，並糾正鄭康成「五貝為朋」之誤，認為「五貝一系，二系一朋」乃成制度。後者認為環者完也，對玦而言，闕其一則為玦，並謂古環非一玉，亦有連環之玉。

先生之鐘鼎彝器跋文，有〈商三句兵跋〉、〈北伯鼎跋〉、〈散氏盤跋〉、〈克鐘克鼎跋〉、〈鑄公簠跋〉、〈夜雨楚公鐘跋〉、〈邵鐘跋〉、〈邾公鐘跋〉、〈遹敦跋〉、〈庚嬴卣跋〉、〈齊國差罐跋〉、〈攻吳王大差鑑跋〉、〈王子嬰次盧跋〉、〈秦公敦跋〉等作。民國十二年河南鄭州出土之銅器數百件中皆無銘文，獨有一器有七字，文曰：「王子嬰次之□盧」，靜安先生乃據此七字，撰寫〈王子嬰次盧跋〉，考據此器春秋時代楚令尹子重之遺物，時當魯成公十六年鄢陵之役。先生運用「古音通假」之法，考證「嬰次」即「嬰齊」。古人以嬰齊為名者不止一人，何以證明其為楚王子嬰齊？先生曰：「楚令尹子重為莊王弟，故《春秋》書公子嬰齊，自楚人言之，則為王子嬰齊矣！」子重之器，何以出於新鄭，先生曰：「蓋鄢陵之役，楚師宵遁，故遺是器於鄭地，此器品質制作與同時所出他器不類，亦其一證。」靜安先生憑此七字銘文，即能撰著長達三百六十一字之跋文，而又論斷精塙，實得力於其學養深厚而智慧過人也。先生晚年金石之作更見成熟，雖起楊南仲、吳大澂輩於地下，亦不能不為之傾服也。

羅振玉曰：「往在海東，亡友王忠慤公從治古彝器文字之學，予以古金文

無目錄，勸公編《金文著錄表》，既竣事，公請繼是當何作？予曰：前人考古彝器文字者，成就一器爲之考釋，無會合傳世古器文字分類考釋之者，今宜爲古金文通釋，可約分四類，曰邦國、曰官民、曰禮制、曰文字。試略舉其凡：如古器所記國名，燕作匽、鄭作奠，……邶作北，與左國諸書不同。又如官名之司空作司工，……又金文所載射禮，足資考證戴記。文字之毓變通假正俗，多可訂正許祭酒書，如是之類姑略舉，可以隅反。公聞而欣然，方擬從事，乃遽應歐人之請返滬江。公既歸，遺書曰：『金文通釋之作，沈乙庵聞之，亟盼其成，然滬上集書甚雜，各家著錄不易會合，與曩在大雲書庫中左右采獲，難易不啻霄壤，某意不如先將尊藏墨本，無論諸家著錄與否，亟會爲一書，而後爲通釋，即此一編求之，不煩他索，成書較易矣！』予於時至韙公言。」(〈後丁戊稿三代吉金文存序〉) 羅氏之言，頗以王靜安先生應哈同之聘，後無暇治金文通釋爲惋惜。然吾人綜觀先生以上金石文諸作，其二表、二韻讀之作及〈毛公鼎考釋序〉，則示人治金石之途徑。其《古禮器略說》，突破前人成說，釐定彝器名稱，糾正前修訛誤，貢獻厥偉。其石經經數、經目、石數之研究，可以正史志之違失。其金文考釋極精富。此外無論兵符之考證、古玉之研究、跋文之撰作，創獲獨多，啓迪後學無窮，後乃有容庚諸人繼先生之業，而發揚光大之。

第三節　金石著錄表

　　靜安先生流寓日本京都之時，從羅振玉問金石文字之學，得遍觀大雲書庫所藏拓本，因思貫通宋代諸家金石之書，爲便於檢閱計，乃撰就《宋代金文著錄表》一卷，《國朝金文著錄表》六卷，其自述工作之艱苦曰：

> 盛夏酷暑，墨本堆積，或一器而數名，或一文而數器，往往檢書至十餘種，閱拓本至若干冊，窮日之力，僅能盡數十器而已。……然著錄之器，既以千計，拓本之數，亦復準之，文字同異，不過毫釐之間，摹拓先後，又有工拙之別，雖再三覆勘，期於無誤，然重覆遺漏，固自不免。……

　　蓋自宋代以來，古器之著錄，或僅就一家所藏，或廣徵諸家之器，其稱名互異，紛歧錯出，幾於目眩神昏，莫可究詰。靜安先生二表之撰，總結前人著錄，整理宋清兩代所著錄之鐘鼎彝器銘文，其所過目，所檢校，所考訂者皆能超越前修。此兩表一出，吉金諸器，始得如散錢一一在串，而學者便

之，金文學家容庚先生於青年時代由朋友處借得《宋代金文著錄表》，抄錄後仔細琢磨，乃通治金文之途徑，容庚先生曰：「按圖索驥，不啻得一良導師。」（《甲骨學概況》）此言洵然。

一、《宋代金文著錄表》之撰著

靜安先生於民國三年（1914）六月，撰就《宋代金文著錄表》勒成一卷，就宋代金文研究所存諸書，區分爲三類，劉敞、呂大臨、王黼諸家既寫其形，又摹其款，爲第一類。薛尚功、王俅以錄文爲主，不以圖譜自名，爲第二類，歐陽修、趙明誠、張掄、黃伯思、董逌諸家之作雖無關圖譜，而頗存名目，此爲第三類。靜安先生曰：

> 古器之出，蓋無代而蔑有，隋唐以前其出於郡國山川者，雖頗見於史，然以識之者少，而記之者復不詳，故其文之略存於今者，唯美陽與仲山甫二鼎而已。趙宋以後，古器愈出，秘閣太常既多藏器，士大夫如劉原父、歐陽永叔輩，亦復蒐羅古器，徵求墨本，復有楊南仲輩爲之考釋，古文之學，勃焉中興。伯時與叔復圖而釋之，政宣之間，流風益煽，籒史所載著錄金文之書至三十餘家，而南渡後諸家之書尚不盡與焉，可謂盛矣！今就諸書之存者觀之，約分三類。與叔之圖，宣和之錄，既圖其形，復摹其款，此一類也；嘯堂集古，薛氏法帖，但以錄文爲主，不圖原器之形，此二類也；歐趙金石之錄，才甫古器之評，長睿東觀之論，彥遠廣川之跋，雖無關圖譜，而頗存名目，此三類也。國朝乾嘉以後，古文之學頗盛，輒鄙薄宋人之書，以爲不屑道。竊謂考古、博古二圖，摹寫形制，考訂名物，用力頗鉅，所得亦多，乃至出土之地，藏器之家，苟有所知，無不畢記，後世著錄家當奉爲準則，至於考釋文字，宋人亦有鑿空之功，國朝阮吳諸家不能出其範圍，若其穿鑿紕繆，誠若有可譏者，然亦國朝諸老之所不能免也。今錯綜諸書，列爲一表，器以類聚，名從主人，其有岐出，分條於下。諸書所錄古器之有文字者，悉具於是。

《宋代金文著錄表》計收歐陽修《集古錄》十卷、呂大臨《考古圖》十卷、宋徽宗敕撰《宣和博古圖》三十卷、趙明誠《金石錄》三十卷、黃伯思《東觀餘論》二卷、董逌《廣川書跋》十卷、王俅《嘯堂集古錄》二卷、薛尚功《鐘鼎款識法帖》二十卷、無名氏《續考古圖》五卷、張掄《紹興內府古器

評》二卷，王厚之《復齋鐘鼎款識》一卷，共十一家，其著錄之數如下：

鐘四十有四（偽器六）

鐸一

鼎百三十有七（疑偽四，漢以後器十一）

鬲二十有八

甗十有七

敦五十有八（疑偽二）

簠八

簋八（偽）

盦一

豆三

盉九

尊壺罍四十有一（尊三十四，壺四、罍三、舉一）

彝四十有四（偽二）

舟一

卣五十有五（偽二）

爵六十（偽二）

觚二十

觶十有二

角二

斝四

卮一（漢器）

不名器六

盤盂洗二十有一（盤十三、盂一、洗七。其中偽一，漢以後器九）

匜二十（漢以後器一）

鐙錠燭盤熏鑪十有五（鐙十、錠一、燭盤一、熏鑪三，皆漢以後器）

度量權律管十有五（秦度量銘一，秦權二，銅角一，鐵量一，銅鐘二，
　　壺二，鈁一，甗鍑一，釜二，律管一，晉尺一。皆秦漢以後器。）

兵器六（戈四，刀一，弩機一，其中漢以後器二。）

雜器六（虎符一，漏壺一，甂一，錉一，銅鉦一，漢器一，皆漢以後
　　器。）

上表都六百四十有三器，除疑偽器十九，秦漢以後器六十，三代器實得五百六十有四。

二、《國朝金文著錄表》之撰著

靜安先生繼《宋代金文著錄表》後，又於同年〔1914〕九月撰成《國朝金文著錄表》，區分器名、諸家著錄、字數、雜記四項，共分六卷。前五卷爲三代器，末卷爲秦漢以後器。其自序闡述清代各家著錄金文之大略曰：

> 古器物及古文字之學，一盛于宋，而中衰於元明，我國開國百年之間，海內承平，文化溥洽，乾隆初，始命儒臣錄內府藏器，爲《西清古鑑》，海內士大夫聞風承流，相與購求古器，蒐集拓本，其集諸家爲專書者，則始於阮文達之《積古齋鐘鼎彝器款識》，而莫富於吳子苾閣學之《攈古錄金文》；其著錄一家藏器皆，則始於錢獻之之《十六長樂堂古器款識》，以迄於端忠敏之《陶齋吉金錄》，著錄之器，殆四倍於宋人焉。數十年來，古器滋出，其新出土者與以前散在各家未經著錄者，又略得著錄者之半，光緒間，宗室伯義祭酒廣蒐墨本，擬續阮吳諸家之書，時鬱華閣金文拓本之富號海內第一，然僅排比拓本，未及成書也，稍後羅叔言參事亦從事於此，其所蒐集者又較祭酒爲多，辛亥國變後，祭酒遺書散出，所謂鬱華閣金文者，亦歸於參事，合兩家之藏，其富過於阮吳諸家遠甚，汰其重複，猶得二千通，可謂盛矣！
> 國維東渡後，從參事治古文字之學，因得盡覽所藏拓本，參事囑分別其已著錄與未著錄者，而將以次編類印行，又令通諸家之書，列爲一表，自甲寅孟夏訖於仲秋，經涉五月乃始畢事。

《國朝金文著錄表》所據之書，計有錢坫《十六長樂堂古器款識》四卷、阮元《集古齋鐘鼎彝器款識》十卷、曹奎懷《半山房吉金圖》不分卷、吳榮光《筠清館金文》五卷、劉喜海《長安獲古編》二卷、吳式芳《攈古錄金文》九卷、徐同柏《從古堂款識》十六卷、朱善旂《敬吾心室彝器款識》不分卷、吳雲雨《罍軒彝器圖釋》十二卷、潘祖蔭《攀古樓彝器款識》二卷、吳大澂《恒軒所見所藏吉金錄》不分卷、劉心源《奇觚室吉金述》二十卷、端方《陶齋吉金錄》八卷續錄二卷又續一卷、羅振玉《集古遺文金文》若干卷、《秦金石刻辭》三卷、《歷代符牌錄》二卷，共計十六種。其著錄之數如下：

鐘百有四（除宋拓本五及僞器與疑似之器九，共得九十。）

鼎五百十六（除出宋拓本者二十及僞器與疑似之器四十，共得四百四
十有六）

甗四十有二（除宋拓本一，得四十一。）

鬲百有十（除宋拓本三，僞器及疑似之器八，共得九十有九。）

彝二百六十（除疑僞器十九，共得二百四十有一。）

敦四百三十有八（除宋拓本三，僞器十三，計得四百二十有二。）

簠七十有二（除宋拓本一，僞器四，計得六十有六。）

簋五十有二

尊二百十有九（除僞器五，計得二百十有四。）

罍十有三（除僞器一，得十有二）

壺七十有七（除疑僞器五，計得七十有二。）

卣二百六十有六（除宋拓本六，疑僞器八，計得二百四十有二。）

斝二十有八（除僞器一，計得二十有七。）

盉三十有四（除疑僞器一，計得三十有三。）

觚一百二十有六（除疑僞器七，計得一百十有九。）

觶一百四十有八（除疑僞器七，計得一百四十有一。）

爵四百六十有二（除宋拓本五，疑僞器五，計得四百五十有二。）

角三十有二

雜酒器十（除宋拓本五，計得五器。）

盤五十有七（除僞器二，得五十有五。）

匜六十有一

雜器七十有五（除疑僞器一，計七十有四。）

兵器二百六十六（除疑僞器四十六，計二百二十。）

列國雜器十有二

兵符權量八十六（除僞本二，計得八十有四。）

鼎（漢）九十有八（除疑僞器四，計得九十有四。）

壺（漢）四十（除僞器四，計得三十有六。）

鐙錠燭槃（漢）五十有二（除疑僞器四，計得四十有八。）

權度量（漢，晉至唐附）六十有九（除宋拓一，僞器九，計得五十有
九。）

　　洗（漢）一百十有七（除僞器一，計得一百十有六。）

　　鉤（漢）六十有七（除僞器七，計得六十。）

　　雜器（漢，魏晉至宋附）一百四十有二（除疑僞器十有七，計得百二
　　　　十有五）

　　兵器（漢，蜀魏附）四十有八（除疑僞器四計得四十有四。）

　　符（漢，晉至宋金附）九十有三（除僞器四，計得八十有九。）

　上表凡三代器三千四百七十有一，列國先秦器九十有八，漢器六百十有六，
三國至宋金器百有十，共有四千二百九十五，除宋拓本及疑僞器外，得三千
九百八十有三器。

　　靜安先生撰著宋、清《金文著錄》二表，表中皆著簡稱，諸器皆以類分，
學者稱便，惟各器不列朝代及字數，各書不注卷葉，猶覺尚有缺憾，後因轉治
他業，未暇增訂。乃有金文家容庚續先生之業，爲之重編，容庚序稱：「余初治
金文，讀王靜安先生此書而善之，然書下不注卷葉，以爲猶有憾也。後語先生，
先生方轉治遼金元三史，命余成之。余以宋代金文諸家，摹寫版刻，工拙各異，
而考釋亦多譌舛，欲彙集眾說，比較異文，爲宋代金文集釋，故欣然以重編自
任。經事之始，不難于注卷葉，而難于辨異同，同器異名，同名異器，不能確
知，茌苒二載，未遑寫定，而先生蹈湖死矣！去年冬，吾友羅福成任校刊王氏
遺書之役，將以余校本付刊，貽書敦促，寒假休暇，復竭旬日之力成之。……
其與原書體例異者約有數端：原書器之次序，依各書爲先後，此則依字數爲先
後。宋人於器上所冠之名多未確，原書皆因仍未改，……此皆酌爲釐訂。原書
各器不列朝代及字數，各書不注卷葉，此爲補入。所注卷葉皆據通行之本，他
本相差不過三數頁，惟薛氏款識，阮元刻本與劉世珩刻本異，故並列之。……
原書於金文之存佚僞三者並列不分，此則以存者爲主，佚者僞者附著于後，《續
考古圖》譌誤太甚，亦入附錄，原書以爲僞者十七器，余意未能盡同。……余
愛重先生，故敢竭所知以致獻于先生，然他人愛重先生，必有以余妄改爲多事
者，余惟自傷不獲質之先生而已！」（《北平北海圖書館月刊》一卷五號）其書
較原編爲善，然靜安先生篳路藍縷之功仍不可奪。

　　繼先生《國朝金文著錄表》之作，補其不足者，有鮑鼎《國朝金文著錄表
補遺》、〈王氏原本奪漏諸器表〉之作，惟鮑氏之書頗收僞器，未饜人意，羅福
頤乃爲之增訂爲《三代秦漢金文著錄表》八卷，於藏器家、出土地及行款三者
皆分項著錄。容媛評是書曰：「清代吉金書籍十餘種，著錄三千餘器，名稱歧異，

真贋錯出，讀者苦之。王國維先生通各家之書，爲《國朝金文著錄表》六卷，檢索甚便，王氏既沒，羅振玉先生爲印行《王忠愨公遺書》，于此書略有增訂。厥後鮑鼎先生重印《國朝金文著錄表》，復爲補遺二卷，校勘記一卷，頗收僞器，未饜人意。茲羅福頤先生重訂而爲此書，增行款、藏器家、出土地三項，于諸家著錄並注卷葉，此視前書爲勝者。」（《燕京學報》第十四期）

第四節　古禮器之研究

　　靜安先生從事古禮器之研究，撰有《古禮器略說》一卷，刊入《國學叢刊》第十九卷中，計鐘、句鑃、卣、斝、兕觥、盉、彝、俎上，俎下十篇，後改訂爲〈說斝〉、〈說觥〉、〈說盉〉、〈說彝〉、〈說俎〉上下等六篇，收入《觀堂集林》。

　　古禮器撰著諸作，其爲文雖短小精悍，而語語精到，篇篇皆有獨創性之見解，頗能表現靜安先生超人之智慧與突破成就之勇氣。其具體成就如下：

一、說　斝

　　斝，甲骨文作「𣂪」（5·5前）又作「𣂪」（7下後）

　　羅振玉：「從↑↑、上象柱，下象足；從爵而腹加碩，甚得斝狀；知許書從門者，乃由𣂪而譌；卜辭从又，象手持之，許書所從之斗，殆又由此轉譌者也。」

　　金文雙夊彝作「𣂪」，羅振玉以爲「象二柱三足一耳，而無流與尾，與傳世古斝形狀肳合。」

　　許慎《說文解字》：「斝，玉爵也。夏曰醆，殷曰斝，周曰爵，從斗𨾊象形，與爵同意，或說斝受六斗。」

　　《正字通》：「斝……玉爵也；中受六升，三器之名殊，其實一也。從三足象戈，故曰琖；兩柱交似未稼，故曰斝，形如飛爵，故曰爵。」

　　羅振玉以爲「古散字作𢿙，與𣂪字形頗相近，故後人誤認斝爲散，韓詩說諸散字有散無斝，今傳世古酒器有斝無散，大於角者惟斝而已，諸經中散字，疑皆斝字之僞。」

　　古來皆以斝與散爲二，羅氏以爲經中之散字，殆即斝字之譌，靜安先生撰〈說斝〉一篇，舉五證以證羅氏之說，遂合斝與散而爲一，其說至爲確當。茲錄其說如下：

　　溧陽端忠敏（方）所藏古斯禁上備列諸酒器，其飲器中有爵一、觚一、觶二、角一、斝一，與特牲饋食禮之實二爵，二觚、四觶、一角、一散，數雖不同，而器則相若，其證一也。

　　禮言飲器之大者，皆散角或斝角連文。〈禮器〉：「禮有以小爲貴者，宗廟之祭，尊者獻以爵，卑者獻以散，尊者舉觶，卑者舉角。」〈明堂位〉：「加以璧散，璧角。」而〈郊特牲〉則云：「舉斝角，詔妥尸」，皆與角連文。言散則不言斝，言斝則不言散，明二者同物，其證二也。

　　斝爲爵之大者，故名斝，斝者假也，大也，古人不獨以爲飲器，又以爲灌尊。《周禮·司尊彝》：「秋嘗冬蒸祼用斝彝黃彝。」〈明堂位〉：「灌尊，夏后氏以雞夷，殷以斝，周以黃目。」《左氏》昭十七年傳：「若我用瓘斝玉瓚。」案瓘當作灌，灌斝即灌尊，亦以斝爲之。而《周禮·鬯人職》則云，凡疈事用散。散既爲飲器，又爲灌尊，明係斝之訛，其證三。

　　《詩·邶風》：「赫如渥赭，公言錫爵。」《毛傳》云：「祭有畀煇胞翟閽者，惠下之道，見惠不過一散。」經言爵，而傳言散，雖以禮詁詩爲《毛傳》通例，然疑經文爵字本作斝，轉訛爲散，後人散字不得其韻，故改爲爵，實則散乃斝之譌字，赭斝爲韻，不與上文籥翟爲韻，其證四也。

　　禮有散爵，乃雜爵之意，燕禮與大射儀，公與諸臣異尊，公尊謂之膳尊，諸臣之尊謂之散，酌於公尊謂之酌膳，酌於諸臣之尊謂之酌散，公爵謂之膳爵，諸臣之爵謂之散爵，是散者對膳言之。祭統以散爵獻士，亦對獻卿之玉爵，獻大夫之瑤爵言之，散爵猶言雜爵也，是散本非器名，其證五也。

二、說　觥

　　觥者酒器也，古多用爲罰爵，《後漢書·郅惲傳》「司正舉觥」，注云：「觥，罰爵也。」《三禮圖》、《毛詩》說觥受七升，《韓詩》說觥受五升。許慎云：「觥罰有過，一飲而盡，七升過多，當爲五升。」段玉裁謂「凡從黃聲、光聲之字，皆有大意。」觥容五升、七升，爲酒器之大者，故從光聲。

《詩·周南·卷耳》：「我姑酌彼兕觥。」傳云：「角爵也。」靜安先生考證古禮器，認爲古器中有兕觥之爲物，惟自宋以來冒他器之名，清代以後又以他器冒兕觥之名，後人遂混淆不分，因撰〈說觥〉一文，分匜與觥爲二，並舉六證以明之，認爲宋無名氏《續考古圖》有兕觥二，其器皆屬匜之乙類，此書雖僞器錯出，定名亦多誤，獨名乙類匜爲兕觥，乃至當不可易。

靜安先生〈說觥〉一文，見於《觀堂集林》卷三，其言曰：

自宋以來，所謂匜者有二種，其一器淺而鉅，有足而無蓋，其流狹而長；其一器稍小而深，或有足、或無足，而皆有蓋，其流侈而短，蓋皆作牛首形，《博古圖》十四匜中之啓匜、鳳匜、三夔匜、父癸匜、文姬匜、徧地雷紋匜、鳳夔匜七器，《西清古鑑》三十匜中之司寇匜、祖匜、伯和匜、女匜、山匜、般匜、利匜、舉匜、二犧匜、饕餮匜十一器及端氏所藏諸女匜、賣弘匜、甫人匜三器皆屬此種，余以爲此非匜也，何以明之？甲類之匜，其銘皆云某作寶匜、或云作旅匜、或云作媵匜，皆有匜字，而乙類三十餘器中絕無匜字，此一證也。匜乃燕器，非以施之鬼神，而乙類之器，其銘多云作父某寶尊彞，其爲孝享之器，而非沃盥之器可知，此二證也。古者盥水盛於盤，洗匜惟於沃盥時一用之，無須有蓋，而乙類皆有之，此三證也。然則既非匜矣，果何物乎？曰：所謂兕觥者是已。何以明之？曰此乙類二十餘器中，其有蓋者居五分之四，其蓋端皆作牛首，絕無他形，非如阮氏兕觥僅有一器也，其證一。《詩》〈小雅〉、〈周頌〉皆云兕觥其觩，毛於觩字無訓，鄭惟云觩然陳設而已。案觩《說文》作觓，當與枓木之枓音義同，觓者曲也，今詩作觩，又假借作捄，以詩證之，則〈大東〉云有捄棘七，又云有捄天畢，〈良耜〉云有捄其角，〈泮水〉云角弓其觩。凡七與角與弓，其形無不曲者，畢之首有歧亦作曲形，則兕觥形制亦可知矣。今乙類匜器蓋皆前昂後低，當流處必高於當柄處若干，此由使飲酒時酒不外溢而設，故器蓋二者均觩然有曲意，與〈小雅〉、〈周頌〉合，其證二。詩疏引《五經異義》述毛詩并禮圖皆云觥大七升，是於飲器中爲最大，今乙類匜比受五升、若六升之舉尤大，其爲觥無疑，舉者假也，觥者光也、充也、廓也，皆大之意，其證三。立此六證，乙類匜之爲兕觥甚明。

三、說　盉

　　盉，和水於酒之器也，古人飲酒往往和水而飲之，盉用以和酒，亦用以溫酒。盉之形狀皆爲大腹，前有流，後有鋬，是爲傾酒之用；下有三足或四足，口小而有蓋，是爲便於溫酒。《說文解字》云：「盉，調味也，从皿禾聲。」後人依傍許氏之說，以爲調味器，實乃大誤。

　　靜安先生撰〈說盉〉一文，考定盉爲和水於酒之器，其說至爲精當，今賢朱劍心撰《金石學》，那志良教授撰《中國古物通鑑》，均同意靜安先生之說。

　　靜安先生〈說盉〉一文，見於《觀堂集林》卷三，其言曰：

　　　　盉見於宋人書中爲最早，歐陽公《集古錄》已著錄一器，其銘曰：「伯玉穀子作寶盉。」然古未知有是器，亦未嘗有是名也。說文：「盉，調味也。」不云器名，自宋以後知其爲器名，然皆依傍許氏之說，以爲調味之器也。

　　　　余觀浭陽端氏所藏殷時斯禁，上列諸酒器，有尊二、卣二，皆盛酒之器，古之所謂尊也。有爵一、觚一、觶二、角一、斝一，皆飲酒之器，古之所謂爵也。有勺二，則自尊挹酒於爵者也。諸酒器外，惟有一盉，不雜他器，使盉爲調味之器，則宜與鼎鬲同列，今廁於酒器中，是何說也？

　　　　余謂盉者，蓋和水於酒之器，所以節酒之厚薄者也。古之設尊也，必有玄酒，故用兩壺。其無玄酒，而但用酒若醴者，謂之側尊，乃禮之簡且古者。惟冠禮父之醴子，昏禮贊之醴婦醮媵，及聘禮禮賓等用之，其餘嘉禮、賓禮、吉禮，其尊也，無不有玄酒。此玄酒者，豈眞虛設而但貴其質乎哉。蓋古者賓主獻酢，無不卒爵，又爵之大者，恒至數升，其必飲者，禮也；其能飲或不能飲者，量也。先王不欲禮之不成，又不欲以人之成禮爲苦，故爲之玄酒以節之。其用玄酒奈何？曰：和之於酒而已矣。昏禮記婦人入寢門，贊者徹尊冪、酌玄酒，三屬於尊，此和之於尊者也，《周禮》春官司尊彝，凡六尊六彝之酌，鬱齊獻酌，醴齊縮酌，盎齊涗酌，凡酒脩酌，鄭注：「凡酒，謂三酒也。脩讀如滌濯之滌；滌酌以水，和而泲之，今齊人命浩酒曰滌。」是脩酌用水也。〈郊特牲〉云：「明水涗齊，貴新也。」是涗酌亦用水也。此和之於酌時者也，和水於尊者，挹彼注茲而已，至於酌酒時以水和而泲之，

於尊則已鉅，於爵則已細，此盉者蓋用以和水之器。自其形制言之，其有梁或鋬者，所以持而蕩滌之也，其有蓋及細長之喙者，所以使蕩滌時酒不泛溢也，其有喙者，所以注酒於爵也。然則盉之爲用，在受尊中之酒與玄酒而和之，而注之於爵，故端氏銅禁所列諸酒器中有是物也，若以爲調味之器，則失之遠矣。

四、說 彝

彝，體作長方形，高身，有蓋，蓋似屋頂，蓋上又有一鈕，亦作屋頂形，爲盛酒之器。甲文作（前5·1），金文甚諶鼎作，甲文彝，商承祚以爲「象兩手持雞，與古金文同。」金文彝約數十形，大體略同，楊沂孫氏以爲「古彝字从雞从廾，雞象冠，翼、尾、距形，手執雞者，守時而動，有常道也，故宗廟常器謂之彝。」

敦器圓形，下有三短足，口旁有兩獸首，帶著活環，器有蓋，蓋有三環，爲盛黍稷之器。其見之於三禮者有三，《禮記·明堂位》：「有虞氏之兩敦。」鄭注云：「制之異同未聞。」《周禮·玉府》：「若合諸侯，則共珠槃玉敦。」《儀禮·少牢禮》：「主婦執一金敦黍。」可知敦制原無一定。

歷來學者於簋、敦、彝之區分，多有錯誤，如以往銅器著錄，往往將自銘爲「𣪕」者，稱之爲「敦」，其實「𣪕」爲古文之「簋」字。又「彝」一爲器名，即方彝，係容器之一種，一爲器之共名，銅器銘文中，常見有「作寶彝」「作寶尊彝」之文，此即爲共名，非指此器物即是彝，故自《博古圖》以來之所謂彝，實皆敦也，靜安先生有見於此，乃作〈說彝〉一文以辨正之，其言曰：

> 尊彝皆禮器之總名也，古人作器皆云：作寶尊彝，或云作寶尊，或云作寶彝，然尊有大共名之尊（禮器全部），有小共名之尊（壺、卣、罍等總稱），又有專名之尊（盛酒器之侈口者），彝則爲共名而非專名。呂與叔《考古圖》雖列彝目，其中諸器，有無足方鼎，有甗、有尊、有卣、有《博古圖》以降所謂彝，則呂氏亦未嘗以彝爲一專名也。
>
> 《博古圖》始以似敦而小者爲彝，謂爲古代盛明水及鬱鬯之器，即以《周禮·司尊彝》之六彝當之，嗣後金文家及圖錄家均從其說。曩竊疑諸家所謂彝之形制與尊壺卣等絕不類，當爲盛黍稷之器，而非盛酒之器，苦不得其證，後見濰縣陳氏所藏陳侯彝銘曰：「用作孝武桓公祭器𣪕（即敦字異文）」，渶陽端氏所藏珙彝（《陶齋吉金錄》

作□彝）其銘曰：「玦作厥敦，兩其萬年用鄉賓。」上虞羅氏所藏一彝，其銘曰：「白作寶敦。」其器皆世之所謂彝，而其銘皆作敦，可知凡彝皆敦也。第世所謂彝，以商器爲多，而敦則大半周器，蓋商敦恆小，周敦恆大，世以其大小不同，加以異名耳。此說並非余始發之，陳氏簠齋藏器有敦無彝，其所藏陳侯彝，著錄家名之爲彝，而陳目作敦，吳縣潘文勤《攀古樓彝器款識》中有伯矩彝等四器，然其家拓本流傳者亦有敦無彝，伯矩彝四器拓本上皆有敦字朱記。蓋簠齋晚年已確知尊之爲敦，故毅然去彝目，文勤聞其說而從之，然陳潘皆無說，故特記之，以正《博古圖》以來千載之誤耳。

五、說 俎

俎，甲文作「凵」（錄，593），金文作「𤮚」（《秦公敦》），《詩·小雅》：「執爨踖踖，爲俎孔碩，或燔或炙，君婦莫莫。」注：「俎，祭享載牲器。」《說文》：「俎，禮俎也，从半肉在且。」

傳世古器，樂器如鐘磬，煑器如鼎鬲甗，脯醢器如豆，黍稷器如敦與簠簋，酒器如尊、壺、卣、罍、勺、爵、觚、觶、角、斝、盉，洗器如盤匜，兵器如戈、戟、矛、劍，世皆有之，惟俎用木爲之，歲久腐朽，是以形制無傳焉。靜安先生有感於此，乃撰〈說俎〉上下篇，考俎之形制，其言至爲精當，可謂確論。〈說俎〉上曰：

《說文》：「俎禮俎也，从半肉在且上。」《詩·魯頌》：「籩豆大房。」《毛傳》云：「大房半體之俎也。」《鄭箋》則云：「大房玉飾俎也，其制足間有橫，下有趺，似乎堂後有房。」〈少牢饋食禮〉：「腸三胃三長皆及俎拒。」鄭注：「拒讀爲介距之距，俎距脛中當橫節也。」〈明堂位〉：「俎，有虞氏以梡，夏后氏以嶡，殷以椇，周以房俎。」鄭注：「梡斷木爲四足而已；嶡之言蹷也，謂中足爲橫距之象，《周禮》謂之距。椇之言枳椇也，謂曲橈之也。房謂足下趺也，上下兩間有似於堂房。」總鄭君詩禮三注，則俎之爲物，下有四足，足間有木以相距，所謂橫也。橫或中足，或在足脛，其足當橫以下謂之距，亦謂之房，與毛語大異。然有不可通者。《周語》禘郊之事則有全烝，王公立飫則有房烝，親戚饗宴則有餚烝。韋注：全烝，全其牲體而升之；房，大俎也，謂半解其體升之房也；餚烝，升體解節

折之俎也。則房烝者對全烝言之，蓋升半體之俎，當有兩房，半體各置其一，合兩房而牲體全，故謂之房俎。毛公云大房半體之俎，許君云俎从半肉在且上，意正如此。既有兩房則中必有以隔之者，案公食大夫禮，腸胃膚皆橫諸俎垂之，既垂於俎外，則鄭注俎足之說是也。由文字上證之，則俎字篆文作俎，象半肉在且旁，而殷虛卜文及貉子卣則作⊠作⊠，具見兩房兩肉之形，而其中之橫畫，即所以隔之之物也。由是言之，則有虞氏之梡，梡者完也，殷以棋，棋者具也，皆全烝之俎，周用半體之俎，以其似宮室之有左右房，故謂之房俎，若足跗則不具房形，鄭君堂房之說，殊爲迂遠矣。

靜安先生又考俎几二字，并同金文作ﾉﾄ或ﾄﾄ，認爲且几同字皆作正面形，金文則從側面視形，又釋殷禮器銘⊠，及其異文，撰〈說俎下〉，其說至有價值，茲錄其說如下：

《方言》、《廣雅》皆云俎几也，此蓋古訓，《說文》俎从半肉在且上，又且薦也，从几，足有二橫，一其下地也。⊓古文以爲且，又以爲几字（此十一字，出小徐本，大徐無。）則篆字俎从且，且从几，古文又且几同字，蓋古時俎几形制略同，故以一字象之，此說有徵乎？曰：有。許書篆文几字與古文⊓字皆作從正面視形，然金文作ﾉﾄ或ﾄﾄ二形，皆作從側面視形，按殷禮器銘屢有⊠語，其異文或作⊠（父癸爵）或作Ⅹ（齊婦⊠，《殷虛書契》卷七第二葉亦有此字），自宋以來，均釋爲析子孫三字，余謂此乃一字，象大人抱子置諸几間之形。子者尸也，〈曲禮〉曰：「君子抱孫不抱子。」此言孫可以爲王父尸，子不可爲父尸。曾子問，孔子曰：「祭成，喪者必有尸，尸必以孫，孫幼則使人抱之。」是古之爲尸者，其年恒幼，故作大人抱子之形，其上或兩旁之非，則《周禮》所謂左右玉几也。《周禮》司几筵，凡大朝覲大饗射，凡封國命諸侯，王位設黼依左右玉几，祀先王昨席亦如之，不言祭祀席，然下言諸侯祭祀席，右彤几昨席，左彤几，則天子祭祀席左右玉几可知。〈冢宰職〉「享先王贊玉几玉爵」注：「玉几所以依神，天子左右玉几。」《書·顧命》「牖間西序東序西夾神席皆有几。」則左右几者，天子尸之几也。其但作ﾄ者，諸侯以下尸右几也，几在尸左右，故以ﾄﾄ二形象之，依几之尸，象正面左右之几，不得不象側面矣，此ﾄﾄ二形象几之證也。其又象俎者何？曰：古⊠

字，象匕肉於鼎之形。古者鼎中之肉皆載於俎，又匕載之時，匕在鼎左，俎在鼎右，今⊠字之左从匕，則其右之⊟象俎明矣。俎作⊟形者，象其西縮（有司徹）也，據《禮經》，俎或西肆，或西縮，而獨象其西縮者，从文字結構之便也。此又古以⊟并象俎之證也。⊟字變縱爲橫，則爲丌字，《說文》：「丌下基也，薦物之丌象形，讀與箕同。」其所以與⊟⊟異形者，薦物之時加諸其上而已，作丌形而義已見，又文字之結構亦當如是，其與⊟⊟固非有二字有二義也。《說文》所載古字⊓字，亦丌字（丌亦古文，金文中其典等均以之）之變，自丌行而⊟⊟廢，遂以⊟爲片字，⊟爲爿字。義別而音亦大變，遂忘其朔矣，由是言之，則俎几二物，始象以⊟，繼象以⊓，其同形可知，但俎或加闌而界爲二，几乃無之，餘則無不同也，秦漢之俎與几全同，故直名几爲俎。《史記‧項羽本紀》：「爲高俎，置太公其上。」如淳曰：「高俎，几之上。」又名切肉之器爲俎。〈項羽本紀〉：「如今人方爲刀俎，我爲魚肉。」今傳世漢畫像所圖切肉之器，正作丌形，漢之俎几形制如此，則三代俎几之形，蓋可知矣。要之古文⊠字與篆文且字，象自上觀下之形，⊟⊟乃自其側觀之，丌與几自其正面觀之，合此三形，俎制略具矣。

第五節　兵符之研究

符者信也，符爲古代朝廷與郡國憑信之具，以金、玉、銅、竹、木等爲之，上刻文字，剖在左右兩半，如朝廷與外官，雙方各執以爲信，半存朝廷，半付外官，朝廷有事，遣使持半符往，外官復出半符合之，以驗眞僞。

《文心雕龍‧書記篇》云：「符者，孚也，徵召防僞，事資中孚，三代玉瑞，後世金竹，末代從省，易以書翰矣。」三代民風樸實，無人作僞，以玉質珪璋爲符，爲類似小刀形之玉片，戰國以後轉趨嚴密，而有新符之出現，新符作臥虎形，分左右，其合面，有兩邊相反之凹凸金銀錯，腹背有郡國、軍名，次第號數及合同之字，間亦有塗金者。其形制有二，即周官之「質劑」與「傳別」。鄭玄曰：「兩書一札，同而別之，若今下手書。」此釋質劑之制，如〈秦陽陵虎符〉銘文：「甲兵之符，右在皇帝，左在陽陵。」左右各十二字，此爲「質劑」。傳別之制，乃將字鑄於虎背之上（或用錯金於虎背上），剖開

之後，各見半行文字，合之乃見全行文字，此爲傳別制。

漢代以銅虎符，竹使符爲信，《史記・孝文帝紀》：「初與郡國守相爲銅虎符、竹使符。」《索隱》曰：「漢舊儀銅虎符發兵，長六寸；竹使符出入徵發。」

新莽虎符，與漢符稍有不同，背文「與」字之上，加王莽纂國之號——「新」字，郡名下，加縣名，太守改連率，連率即連帥，爲太守之稱，肋文上有「□□郡守左（或右）幾」篆書。晉虎符較短，通體有虎皮紋，無法容字，背縫處凸起一行，約二分寬，於此刻背文，背文「與」字上加一「晉」字。「虎符」下加「第幾」二字，篆書，銀錯，東晉後多用鑿款。隋虎符爲立形，背文七字：「□□衛銅虎符幾」篆書，惟腹間三字「□□衛」爲楷書。

唐代兵符，高祖用銀菟符，後改爲銅魚符，近畿所用爲左三右一，畿外左五右一，左者進內，右者在外，與古制不同，武后之時改爲上下相合之龜符，中宗復國，復改回左右相合之魚符。宋代兼用古制與唐制，定銅符之制，上刻篆文「某處發兵符」不鑄虎豹之文，而中分之，右符五留京師樞密院，左符降付諸處，右內左外與秦漢同，其內五外一，則用唐制。元代兵符不謂之符，而謂之牌，如「虎頭牌」者是也，其後則易之以書翰。

靜安先生研究兵符之撰著有六：即〈新郪虎符跋〉、〈秦陽陵虎符跋〉、〈記新莽四虎符跋〉、〈隋銅虎符跋〉、〈僞周二龜符跋〉、〈元銅虎符跋〉。以上六文或考古兵符之制度，或辨明其年代並及器物之眞僞，研究成果如下：

一、論歷代兵符之制度

兵符之制，古者皆右在內，而左在外，又左右之數各同，三代不可考。〈曲禮〉曰：「獻粟者執右契。」契以右爲尊，符節可知，尊者在內，卑者在外，亦可知也。秦虎符「右在皇帝，左在陽陵。」蓋用古制。漢則文帝二年初與郡國守相爲銅虎符竹使符。師古曰：「與郡守爲符，右留京師，左以與之。」則右內左外，與秦制同，顏注又引應劭曰：「銅虎符第一至第五，國家當發兵，遣使者至郡合符，乃聽受之。」此藏於內者也。《文選・潘元茂冊魏公九錫文》云：「授君金虎符第一至第五。」此頒於外者，是內外之數同也。今傳世漢以後諸符，如漢魏郡太守虎符（嘉定瞿氏藏）、東萊太守虎符（濰縣陳氏藏）、玄菟太守虎符（海豐吳氏藏）、漁陽太守虎符（吳縣吳氏藏）、長沙太守虎符（同上）、及王莽壓戎敦德二符，脅文皆云：「左

二」，漢常山太守虎符（濰縣陳氏藏）則云：「左三」，晉上黨太守二符，一云：「右二」，一云：「左二」，是左右數同之證也（左右各五）。

隋兵符亦然，吳縣蔣氏藏隋虎符八，吳氏藏隋符二，又有一符，不知藏誰氏，共十一枚。其中右符六，曰右禦衛相原四，曰右禦衛永昌二，曰右衛美政五、曰右翊衛天井一，曰右翊衛石橋二（案：靜安先生言六，以上所舉者五，未詳何故。）左符五，曰右禦衛安昌四，曰右武衛白松二，曰右屯衛溫陽一，曰右屯衛清湖四，曰左屯衛赤城五。左右孰內孰外，雖不可考，然左右二符各有第四、第五，則左右之數亦當相等，如秦漢以來制也。

兵符之制，至唐始大變，《大唐六典》載銅魚符，王畿之內，左三右一，王畿之外，左五右一。左者進內，右者在外，不獨左內右外，左右之數，亦各不同。

宋符兼用古制與唐制二者，《玉海》八十二載康定元年八月二十四日，端明殿學士李淑等言，參酌古制，定銅符形制，上刻篆文曰：某處發兵符。下鑄虎豹飾而中分之，右符五，左旁作虎豹頭四；左符一，右旁為四竅，令可契合，又以篆文相向，側刻十干字為號，右符留京師樞密院，左符降付諸處，慶歷元年罷。然則宋符右內左外，與秦漢同，而內五外一，則用唐制。自來兵符之制度，即此可觀矣（〈隋銅虎符跋〉）

上虞羅氏藏銅牌一，上端文隱起作虎首，首下有孔，以便繫佩，孔下蒙古字一行，兩面同，余謂此《元史》之虎符也。元之虎符，俗云虎頭牌。汪元景《水雲集·湖州歌》云：「文武官僚多二品，還鄉盡帶虎頭牌。」關漢卿《閨怨佳人拜月亭雜劇》云：「虎頭兒金牌腰內懸。」則當時本謂之牌，不謂之符，雅言謂之虎符，名雖古，制則非矣。（〈元銅虎符跋〉）

二、考證〈陽陵虎符〉為秦符

今存符，以漢符為最多，背文多用銀錯，存世最早之符為秦符，靜安考證〈陽陵虎符〉，定為秦始皇初并天下，文字未統一前之所作，字為金錯篆書，文各十二，曰：「甲兵之符，右在皇帝，左在陽陵。」先生舉五證，以說明其不合於漢制者，再舉四證，以證明其為秦符。靜安先生曰：

然與漢符不合者有五。……今傳世漢虎符，其文皆云：「與某郡守（或太守）為虎符。」與此符文絕不同，又陽陵乃縣名，非郡國名：無與為虎符之理，此與漢制不合者一也。漢符之數，應劭云：「銅虎符第一至第五。」今傳世漢符，肋下皆有某郡左幾，某國右幾字，皆記數字，此符無之，與漢制不合者二也。漢符傳世者，其文刻於脊上，合之而後可讀，如周官傳別之制，此符左右文同，皆在脊左右，如周官質劑之制，此其不合者三也。《史記正義》引崔豹《古今注》云：「銅虎符銀錯書之」，今傳世漢符皆係銀錯，此符獨用金錯，此其不合者四也。此符字畫頗肥，而所錯之金極薄，幾與以泥金書者相等，若漢世金錯器，如莽幣一刀平五千之一刀二字，則字細而金厚，他器如安昌車飾等亦然，此其不合者五也。

若云秦符，則有四證焉。漢志陽陵，雖云景帝所置，然《史記‧高祖功臣侯年表》有陽陵侯，〈傅寬列傳〉亦同，《索隱》云：「陽陵，《楚漢春秋》作陰陵。」然濰縣郭氏有陽陵邑丞封泥，邑丞者，侯國之丞，足證傅寬所封為陽陵而非陰陵，是高帝時已有陽陵，其因秦故名，蓋無可疑，此一證也。此符字數左右各十二字，共二十四字，皆為六之倍數，案《史記‧秦始皇本紀》稱數以天為紀，故秦一代刻石有韻之文，皆用六之倍數，此符亦同，此二證也。文字謹嚴寬博，骨勁肉豐，與泰山琅邪臺刻石大小雖異，而體勢正同，非漢人所能彷彿，此三證也。若云秦符，則其左右二符合併之故，亦可得而言焉，案秦漢虎符，右常在內，左常在外，不相合并，〈秦始皇本紀〉及〈高祖本紀〉皆云：「秦王子嬰奉天子璽符降軹道旁。」蓋子嬰於降漢之時，斂左符而并獻之，秦璽入漢，既為傳國之寶，此符雖不復用，亦必藏之故府，為國重器，合置既久，中生鏽澀，遂不可開，否則右符既不常在外，左符亦無入京之理，二符無自膠固矣，此四證也。

或又謂此符長短與〈始皇本紀〉所云符法冠皆六寸者不合，然六寸之符，謂竹使符，漢竹使符亦長六寸，同於秦制，若虎符則發兵之事，貴於慎密，短則易藏而難見，故長僅四寸許，此又求之事理而可通者也。（〈秦陽陵虎符跋〉）。

三、〈新郪符〉年代之考證

兵符之使用方法，由〈新郪符〉銘文，可略窺一二，銘文曰：「甲兵之符，右在王，左在新郪，凡興士披甲，用兵五十人以上，必會王符乃敢行之，燔燧事雖無會符，行殹。」銘文甲作 🀄，兵作 🀄，在作 🀄，與〈秦陽陵符〉同；凡作 🀄，與〈散氏盤〉同；敢作 🀄，也作殹，與〈詛楚文〉同，餘字皆同小篆。靜安先生徵之史實，定此符當為秦并天下前二、三十年間物也。其言曰：

> 余謂此秦符也，新郪本魏地，〈魏策〉：「蘇秦說魏王，大王之國，南
> 有許鄢、昆陽、邵陵、舞陽、新郪。」至安釐王時尚為魏有，《史記‧
> 魏世家》：「安釐王十一年（秦昭王四十一年）秦拔我郪丘。」應劭
> 以為即新郪，然郪丘，〈秦本紀〉作邢丘，〈六國表〉作廩丘，〈秦本
> 紀〉言：「是年攻魏，取邢丘、懷。」邢丘與懷二地相接。自當以邢
> 丘為長。其後公子無忌說魏王云：「秦葉陽，昆陽與舞陽鄰。」是彼
> 時葉陽、昆陽屬秦，舞陽屬魏，新郪在舞陽之東，其中間又隔以楚
> 之陳邑，時楚王都陳，秦不能越魏楚地而東取新郪明矣，至昭王五
> 十四年，楚徙鉅陽，始皇五年，又徙壽春，新郪入秦當在此前後，
> 然則此符，當為秦并天下前二三十年間物也。（〈秦新郪虎符跋〉）

四、考定新莽虎符之缺文

傳世新莽虎符有四，濰縣陳氏藏一符，脊文曰：「新與河平□□連率為虎符。」脅文曰：「河平郡左二。」吳縣吳氏藏二符，其一脊文曰：「新與壓戎□□連率為虎符。」脅文曰：「壓戎郡右二。」其二曰：「新與敦德廣枏連率為虎符。」脅文曰：「敦德郡左二。」吳縣蔣氏藏一符，脊文曰：「新與武亭汨汨連率為虎符。」脅文僅武亭二字可辨。以上四器，靜安先生一一考之證其缺文，並辨明其地名之異稱：

（一）考定河平符下二缺文為「羽貞」二字之半。案《漢書地理志》平原郡，新莽曰河平，又其屬羽縣，莽曰羽貞，靜安因以斷定「🀄」乃「羽貞」二字之半。

（二）考定壓戎符脊文下缺文為「西道」二字之半。漢之隴西郡，莽曰壓戎，又其屬西縣，莽曰西次，此郡屬縣多以道名，疑莽之西次，亦名西道，則「🀄」當為「西道」二字之半。

（三）考定敦德郡即敦煌郡，新莽曰敦德，其屬廣至縣，莽曰「廣枏」，由此

斷定「廣」字下存木旁之文，當爲「桓」字之半。

（四）考定「武亭」亦即「治亭」之初名。《漢志》載莽郡之以亭名者有治亭，有同亭，而東郡屬清縣下，莽曰：「清治」，今武亭符脊文亭下二字皆从水旁，疑即「清治」二字之半。

五、證僞周二龜符爲贗品

　　吳縣吳愙齋中丞藏有龜符二，一曰太和門外左龍武軍，二曰鷹揚衛左紫輝第四。靜安先生考證以上二器皆爲贗品，其一武后之時尚無左龍武軍之名。其二，兵符之制，王畿之內，左三右二，鷹揚衛近在皇城，左符不得有四，其爲僞器明矣，靜安之言，至爲精當，茲錄之如下：

　　案《長安志》云：大明宮東面第一門曰太和門，又曰太和門外從東第一曰左羽林軍，第二曰左龍武軍，第三曰左神策軍，與此符合，然此符作龜形，當爲武后時物，而龍武軍置於元宗時，《舊唐書・職官志》云：初，太宗選飛騎之尤驍健者，別署百騎以爲翊衛之用，天后初加置千騎，中宗加置萬騎，分爲左右營，置使以領之，開元二十七年改爲左右龍武軍。新書〈兵志〉則云：及元宗以萬騎平韋氏，改爲左右龍武軍。《唐會要》（七十一）載開元二十六年十一月，析左右羽林軍，置龍武軍，以左右萬騎隸焉。注云：或出開元二十七年三月二十七日。此龜符爲武后時物，時尚無左龍武軍之名，又考《唐六典》成於開元二十四年，而北軍只有左右羽林一軍，無龍武軍。杜甫〈曲江對雨詩〉：「龍虎新軍深駐輦。」是詩作於至德之初，而軍成於開元之末，相距十六七載，故曰新軍。若僞周時已有龍武軍，則不得云新矣。此龜符蓋放九仙門外右神策軍魚符而作者，而不知武后時無龍武軍也。又鷹揚衛左紫輝第四一符乃左符。《六典》言：兵符，王畿之內，左三右一。鷹揚衛近在皇城，左符不得有四，亦係僞作。

第六節　古玉之研究

　　靜安先生之古玉研究，論文有二，其一爲〈說玨朋〉，認爲「玨」與「朋」本爲一字，皆貨幣之單位，蓋古制貝、玉皆五枚一系，合二系爲朋，糾正舊說「二玉爲玨，五貝爲朋」之誤。其一爲〈說環玦〉，認爲環者完也，係對玦

言之，若環缺其一，則謂之玦。

一、說珏朋

　　靜安先生〈說珏朋〉一文，以字形、字音證明「珏」「朋」本為一字，並糾正鄭康成「五貝為朋」之誤，認為「五貝一系，二系一朋」乃成制度。其先以字形證之，蓋古代因為貨幣及服御者皆小玉、小貝，而有物焉以系之，所系之貝玉，於玉則謂之珏，於貝則謂之朋，然二者古實為一字。今靜安先生舉甲骨、金文以證其說。其言曰：

> 珏字，殷虛卜辭作丰（《後編》卷上第二十六葉），作半（《前編》卷六第八十五葉），或作羊（《後編》卷下第二十及第四十三葉）。金文亦作丰（乙亥敦云玉十丰），皆古珏字也。《說文》：「玉，象三畫之連，丨其貫也。」丰意正同，其作半、作羊者，中、丫丫皆象其系，如束字上下從中木也，古系貝之法與系玉同，故謂之朋，其字卜辭作𫗧（《前編》卷一第三十葉）、作𫗧（卷五作第十葉），金文作𫗧（遽伯𨟻敦）、作𫗧（庚羆卣）、作𫗧（且子鼎），又公中彝之貝五朋作𫗧，撫叔孰蓋之貝十朋作𫗧，戊午爵乃作𫗧，甚似珏字。而朋友之朋，卜辭作𫗧（《前編》卷四第三十葉），金文作𫗧（杜伯簋），或作𫗧（豐姞敦），或從拜，或從珏，知珏朋本一字，可由字形證之也。

其次先生又以字音證之。如云：

> 珏自來讀古岳反，《說文》亦以𤦀字為珏之重文，是當從𣪊聲，然竊意珏與𣪊義同意異，古珏字當與珤同讀，《說文》珤讀與服同，《詩》與〈士喪禮〉作服，古文作𤰰，古服葡同音，珏亦同之，故珤字以之為聲。古者玉亦以備計，即珏之假借，齊侯壺云：「璧二備。」即二珏也。古音服備二字皆在之部，朋字在蒸部，之蒸二部陰陽對轉，故音變為朋，音既屢變，形亦小殊，後世遂以珏專屬之玉，以朋專屬之貝，不知其本一字也。

最後先生後據此以糾正舊說之誤：以為由甲骨、金文之字形觀之，知一珏之玉一朋之貝，至少當有六枚，今字形若止一系一枚者，實即許叔重所言指之列多不過三也。靜安先生曰：

> 又舊說：「二玉為珏，五貝為朋。」（《詩‧小雅‧青青者莪》箋）然以珏拜諸字形觀之，則一珏之玉，一朋之貝，至少當有六枚，余意古

制貝玉皆五枚爲一系，合二系爲一珏，若一朋。〈釋器〉：「玉十謂之區。」區彀雙聲，且同在侯部，知區即彀矣，知區之即彀，則知區之即爲珏矣。貝制雖不可考，然古文朋字確象二系，康成云：「五貝爲朋。」五貝不能分爲二系，蓋緣古者五貝一系，二系一朋，後失其傳，遂誤謂五貝一朋耳。觀珏拜二字，若止一系三枚，不具五者，古者三以上之數，亦以三象之，如手指之列五，而字作⺕，許君所謂指之列不過三也。余目驗古貝，其長不過寸許，必如余說：「五貝一系，二系一朋。」乃成制度，古文字之學，足以考證古制者如此。

二、說環玦

《爾雅・釋器》：「肉倍好謂之璧，好倍肉謂之瑗，肉好若一謂之環。」吳大澂《古玉圖考》曰：「《爾雅・釋器》李注：其孔及邊肉大小適等曰環。余所得古玉環四，度其徑寸，以上下二邊之分數，適與中孔相等，如環徑六寸，其孔三寸，上下二邊，各得一寸又半寸，此環之制也。」依吳氏之說，可知環上下邊之和，適與孔徑相等，即上下若各一寸又半，其和爲三寸，適與孔徑三寸相等，此謂之肉好若一。璧，上下邊之和，適爲孔徑之一倍，若上下邊各二寸，其和爲四寸，則孔徑爲二寸，此謂之「肉倍好」。瑗之孔徑爲上下邊總和之一倍，若上下邊各一寸，總和二寸，則孔徑得四寸，直徑爲六寸，此謂之「好倍肉」。

靜安先生著〈說環玦〉一文，認爲環者完也，對玦而言，闕其一則爲玦，並謂古環非一玉，於是有連環。其言曰：

《爾雅・釋器》：「肉倍好謂之璧，好倍肉謂之瑗，肉好若一謂之環。」環與璧瑗之異，但以肉之大小別之，意其制度，殆與璧同。顧余讀《春秋左氏傳》：「宣子有環，其一在鄭商。」知環非一玉所成。歲在己未，見上虞羅氏所藏古玉一，共三片，每片上侈下斂，合三而成規，片之兩邊，各有一孔，蓋古以物系之，余謂此即古之環也。環者，完也，對玦而言，闕其一則爲玦，玦者缺也，古者城缺其南方謂之欮，環缺其一，故謂之玦矣。以此讀左氏，乃得其解。後世日趨簡易，環與玦皆以一玉爲之，遂失其制。而又知其環之非一玉，於是有連環。《莊子・天下篇》：「連環可解也。」〈齊策〉：「秦始皇遺君王后玉連環，曰：『齊多知，而解此環者不？』君王后引椎椎破之，謝秦使曰：『謹

以解矣。』」不知古之環制，如羅氏所藏者，固無不可解也。

案：古代玉環，其式有三，其一為《爾雅》「肉好若一」之環，古墓中多有發現。其二為「聯環」，即靜安先生所云：「非一玉所成」之環，有合二、合三、合四而成者，分之則為璜，合之則為環。其三曰「連環」，係兩環相連如⑧形，環可活動，可分離，秦始皇遺齊君王之環，必屬此形，否則何勞齊王后「引椎椎破之」。

第七節　漢魏石經之研究

一、研究之作品

　　石經之建，於東漢，因經書文字異文甚夥，靈帝熹平四年，堂谿典、楊賜、馬日磾、張馴、韓說、單颺等奏請正定六經文字，靈帝准之，遂將定本刻之於石，立於洛陽太學門外。《熹平石經》，建於熹平四年（175），完成於光和六年（183），相傳係蔡邕以通行隸書寫之，故又稱一字石經。

　　繼熹平之後，建立石經者，有魏之《正始石經》，係魏正始年間（240～249）所建立者，石經立於漢碑之西，碑文以古文、篆書、隸書三體書之，故又稱「三字石經」。其後，唐之開成，宋之嘉祐，西蜀孟氏，南宋高宗，清之乾隆，皆嘗有石經之刻，以上石經之刻凡七種。

　　石經建後，歷經天災、兵災等自然與人為之破壞，今日惟《開成石經》存西安府學，尚為全本，餘只存殘石，或僅存殘拓孤本。其中漢魏二石經，其時相接，其地相同，史志記載，往往互誤，經數、經目、石數，各家所記尤多紛紜。

　　漢《熹平石經》，據《後漢書・靈帝紀》、〈盧植傳〉、〈儒林傳序〉、〈宦者傳〉，皆云五經，〈蔡邕傳〉、〈儒林傳〉、〈張馴傳〉，則云六經；《隋書・經籍志》又云七經。其經目，《洛陽記》（《後漢書・蔡邕傳》注引）舉《尚書》、《周易》、《公羊傳》、《禮記》、《論語》五種；《洛陽伽藍記》舉《周易》、《尚書》、《公羊》、《禮記》四種，《隋書・經籍志》舉《周易》、《尚書》、《魯詩》、《儀禮》、《春秋》、《公羊傳》、《論語》七種。其石數，《西征記》（據《太平御覽》卷五百八十九引）云四十碑，《洛陽記》云四十六碑，《洛陽伽藍記》云四十八碑，《北齊書・文宣帝紀》云五十二碑，此皆先儒所謂不可得而詳者也。

　　魏《正始石經》所刊經數，據《西征記》、《洛陽伽藍記》爲《尚書》、《春秋》二經，《隋書·經籍志》有《三字經尚書》九卷（梁有十三卷）、《三字石經春秋》三卷（梁有十二卷），《舊唐書·經籍志》有《三字石經尚書古篆》三卷、《三字石經左傳古篆書》十三卷（《唐書·藝文志》同，惟《左傳》十三卷作十二卷）。其石數，據《水經注·穀水篇》云四十八碑，《西征記》云三十五碑，《洛陽伽藍記》云二十五碑。無論其爲二十五碑、三十五碑，或爲四十八碑，均不足以容《尚書》、《春秋》、《左傳》三書之字數，此亦先儒所不可得而詳者也。

　　靜安先生有鑒於漢魏石經經數、經目、石數之紛歧莫定，乃於民國五年撰就《魏石經考》，以期歸於定論。書起草於四月，九月中旬完稿，書分二卷，上卷六篇，下卷二篇，篇目如下：

　　（一）漢石經經數石數考
　　（二）魏石經經數石數考
　　（三）魏石經經本考
　　（四）魏石經拓本考
　　（五）魏石經經文考
　　（六）魏石經篇題考
　　（七）魏石經古文考
　　（八）魏石經書法考

　　靜安先生著書立說向極嚴謹，一有不洽，即予刪除，民國十年，歲次辛酉，先生有《觀堂集林》之印行，乃自此八篇中刪去〈經文考〉、〈篇題考〉、〈古文考〉三篇，其目次則改爲：魏石經考一、考二、考三、考四、考五，共計五篇。趙萬里曰：「先生之輯《集林》也。去取至嚴，凡一切應酬之作，及少作之無關弘旨者，悉淘去不存。舊作《魏石經考》、《漢魏博士考》、《爾雅草木蟲魚鳥獸釋例》，亦只存一部份而已。」（趙譜）

　　民國十一年秋，洛陽新出石經甚多，先生乃據以撰成《魏石經續考》又分三部分，一曰碑圖，二曰經文同異，三曰古文，並附有〈隸釋所錄魏石經碑圖〉。其後先生雖未續有漢魏石經之專著問世，然其晚年任教清華研究院時，也嘗以石經拓本示人，觀者提問之，辯答如流，足見其一生皆在不斷研究中。

二、研究結果

　　靜安先生研究魏石經，先從漢石經入手，先生曰：「漢魏石經同立於太學，

其時相接，其地又同，昔人所記往往互誤，欲考魏石經之經數、石數，必自漢石始矣。」其研究方法為「以二者參伍定之」（《魏石經考一》），即由漢石經之經數、石數，以考魏石經之經數、石數。又詳釋黃縣丁氏所藏魏石經殘石，以定魏石經每行字數，又取每行字數，以推定每碑行數，復以《太平御覽》引《洛陽記》所載碑數及諸經字數，參互求之，以定魏石經經數。其研究成果如下：

（一）考定漢石經之經數、石數

先生考定漢石經，認為其經數莫確於《隋志》，即《易》、《書》、《詩》、《禮》（《儀禮》）、《春秋》五經，并《公羊》、《論語》。先生曰：「漢石經經數當為《易》、《書》、《詩》、《禮》、《春秋》五經，并《公羊》、《論語》二傳，故漢時謂之五經，或謂之六經，《隋志》謂之七經，除《論語》為專經者所兼習，不特置博士外，其餘皆當時博士之所教授也。」

漢石經石數，莫確於《洛陽記》，即四十六碑。先生曰：「據傳世宋拓本《尚書》《論語》，大率每行七十三、四字，他經準之，又據《洛陽記》載朱超石與兄書，石經高丈許，廣四尺，則縱得七十餘字者，橫當得三十餘字，今以一碑三十五行，行七十五字計，則每碑得二千六百二十五字，又據漢魏石經皆表裏刻字，則每碑得五千二百五十字。」靜安先生據每碑之存字，以計算經文，西行二十八碑，《周易》二萬四千四百三十七字，《尚書》二萬七千一百三十四字，漢石經無偽古文二十五篇並孔安國序，僅得一萬八千六百五十字。漢石經《公羊傳》無偽經文并何休序，僅得二萬七千五百八十三字，加以《詩經》四萬八百四十八字，《春秋經》一萬六千五百七十二字，以上共計十二萬八千九十字，約需二十六碑，又據《隸釋》所載漢石經殘字，則《魯詩》每章之首與《公羊傳》每年之首皆空一格，各經後又有校記題名，正合二十八碑之數。南行十五碑，魏晉以前之《禮記》，亦以今之《儀禮》為《禮記》，非指《小戴記》之四十九篇，以經字證之，惟《儀禮》五萬七仟一百一十一字，則需十一碑，其餘當為校記題名，適得十五碑，合東行《論語》三碑，正得四十六碑。

（二）考定魏石經之經數、石數

靜安先生考定魏石經當以《西征記》為確，即石數三十五碑。先生據光緒年間洛陽出土，黃縣丁佛言所藏之魏石經殘石，確定經文每行并三體計之，得六十字，更以此行款排比《隸續》所錄魏石經《尚書》、《春秋》殘字，亦無一不合。皆每行六十字，後又由每行字數推定每碑行數，再以每經字數參互求之，

則每碑得二千一百字，表裏刻字計之，則得四千二百字，若《尙書》、《春秋》、《左傳》三經合刻之，其字數須一百五十五石，乃能容下，故先生疑當時所刊之《左傳》，實未得全書十之二三。先生曰：「《隸續》所錄《左傳》文乃桓公末年事，案左氏隱桓二公傳共九千三百三十九字，加以《尙書》一萬八千六百五十字，《春秋》一萬六千五百七十二字，共四萬四千五百六十一字，每字三體得十有三萬千六百八十三字，今依《西征記》三十五碑字數計之，得十有四萬七千字，蓋所刊《左氏傳》當至莊公中葉而止，若如《洛陽伽藍記》所云二十五碑，則尙不足容《尙書》、《春秋》二經字數，而《水經注》之四十八碑，實爲漢石經石數；故石經石數，當以《西征記》爲最確也。」據先生所考經數則《尙書》、《春秋》外，尙有《左傳》本未刊成者，合爲三經。

（三）漢魏石經皆立於學官之經

靜安先生曰：「漢一字石經爲《周易》、《尙書》、《詩》、《儀禮》、《春秋》、《公羊傳》、《論語》七種，除《論語》不在經數，不立博士外，餘皆立於學官之經，博士之所講授者也。」又云：「漢魏石經皆刊當時立于學官之經，爲最顯著之事實。」蓋石經以一本爲主，而復著他本異同於後，則當時學官所立諸家經本已悉具於碑，是蔡邕等正六經文字之本旨，而後儒所以咸取正於是也。又先生論漢學官所立皆今文，無古文，故石經但列今文諸經異同，至今文與古文之異同，則未及也。而自後漢以來，民間古文學漸盛，至與官學抗行，逮魏初復立大學，暨於正始，古文諸經蓋已盡立學官，此事史傳雖無明文，然可得而徵證也。凡此皆有俾益於後世之研究。羅振玉〈漢石經殘字集錄序〉曰：「近世言石經者，莫精於海寧王忠愨公之《魏石經考》，其考魏石並及漢刻之經數、經本行字石數，顧於漢石經未及爲專書，遂完大節。……公謂往昔言漢石經者有五經、六經、七經之殊，而《隋志》爲可信，今傳世殘石有《周易》、《魯詩》、《儀禮》、《春秋經》、《公羊傳》、《論語》，合以宋人所見之《尙書》，正與《隋志》所載一字石經合，此足證成公說者一也。公謂漢學官所立諸經，皆今文石經爾，今證以予所見《儀禮》之〈虞禮〉明白以其班袝之班作胖，正與鄭注所謂今文者合，此足證成公說者二也。」羅氏之言，諒非溢美之辭也。

（四）石經文字之考釋

王靜安先生〈魏正始石經殘石考〉有石經古文之考釋，所錄殘石篇目有〈皋陶謨〉、〈康誥〉、〈多士〉、〈無逸〉及〈春秋〉，所錄文字〈皋陶謨〉十有

二字、〈康誥〉僅一字、〈多士〉有二十一字、〈無逸〉六十三字、〈春秋〉三十三字，合計考釋古文一百四十字。

靜安先生考釋石經文字，係參以甲骨、鐘鼎及《玉篇》、《說文》等以論其是非，其是者則從之，如乂（五）、𠔼（典）、杀（禹）、𢓜（後）、𤔔（弼）……等等下云：「與《說文》古文同」。又「𦣝」（聞）下云：「與《玉篇》所載古文同。」其所不知則闕之。如袛作「𡧛」，靜安先生曰：「此字不知所从」。又「𢻳」（變）下云：「此字汗簡、《集韻》作𢽾、彪二體，《玉篇》與日本未改字、《尚書》均作彪，案𣂁實鼎之古文，古貞鼎一字，則作彪者殆近之，然於六書皆無可說，闕疑可也。」其誤者則正之，如「𡨴」（寧），先生云：「此字訛舛，當作𡨵，此誤从衣。」其可以與鐘鼎文字互證者，如「𠌶」（年）下云：「邾公鐘、齊侯壺，年字均與此同。」其可以正《說文》之誤者有二，「𠃑」（配）下云：「毛公鼎配字如此，《說文》从己，失之。」又「𢢆」（智）下云：「《說文》篆文作𣉻，从白，其古文作𣉻，下似丘字，於六書無可說，今知古文所从之𠙻乃𠙻（即皿字）之誤也，此字見於毛公鼎者作𣉻，下从𠙹，乃象盛物之器，絕非白字，即《說文》白部𡆥者諸字，在殷周古文其下亦或从𠙹，或从𠙺，皆象盛物之器皿，亦盛物之器也，如殷虛卜辭盤字作𥂇（《戩壽堂所藏殷虛文字》第五十一葉），从𠙹，而籀文从皿。𠙺字，卜辭作𠙺，从𠙺；亦作𠙺，从皿（同上第二十五葉），出字多作𠳐，亦作𠳐（《殷虛書契後編》上第二十九葉），知𠙺、𠙹、𠙹、𠙺，均象器形，𠙺𠙹殆是一字，《說文》𠙺部在皿部之後，甚合以形系連之法，此字或从𠙹，或从皿，其故亦同，然則此字不獨可辨《說文》之誤，亦可知許君以𡆥、智諸字入白部，未免從後起誤字立說矣。」靜安先生石經古文考釋，態度嚴謹，釋字精確，於古文字之研究，頗具參考價值。

三、三代無古文之商榷

王靜安先生《魏石經考五》論石經之書法云：「此種書體在唐以前不能徵之，自宋以後則郭忠恕之《汗簡》，夏竦之《古文四聲韻》、呂大臨、王楚、王俅、薛尚功輩所摹三代彝器，皆其一系，洎近世古器大出，拓本流行，然後知三代文字絕無此體。」又云：「今溯此體之源，當自三字石經始矣。……然則魏石經殘字之豐中銳末或豐上銳下者，乃依傍科斗之名而為之，前無此也。」先生此說殆以魏《正始石經》之古文為最早之古文，且係依傍科斗之名而為之，並認為郭忠恕之《汗簡》、夏竦之《古文四聲韻》，無一不從魏三

體石經中來。其結論曰：「自此以後，所謂古文者殆專用此體，郭忠恕輩之所集，決非其所自創，而當為六朝以來相傳之舊體也。自宋以後，句中正輩用以書《說文》古文，呂大臨輩用以摹古彝器，至國朝《西清古鑑》等書所摹古款識，猶用是體，蓋行於世者幾二千年，源其體勢，不得不以魏石經為濫觴矣。」

靜安先生「三代無古文」之假設，泰半係主觀之臆測，蓋因所見實物不足之故也，今地不受寶，上古之物出土甚多，民國四十二年（1953）湖南長沙市仰天湖發現戰國時古墓，其時代為西元前四○七至西元前二二三年，中有竹簡四十三枚，其文字清晰可認，字體與魏《正始石經》之古文及《汗簡》、《古文四聲韻》之文字極為接近，即古文獻中所謂之蝌蚪文是也。（見《考古學報》第二期〈長沙仰天湖第二五號木槨墓〉）據此，則靜安先生《魏石經考五》之說，吾人以為實有商榷之必要，今日竹木簡等古物出土者眾，從出土之物以求其確證，當可助吾人尋求學問之真知也。

第五章　王靜安先生之文字學

第一節　概　說

王靜安先生近代之大儒也，其一生無論治任何一業，均有深詣之創獲，羅振玉論其學曰：「蓋君之學，實由文字、聲韻以考古代之制度文物。」先生指導後學，亦以「必先通《說文》，而後再治《詩》、《書》、《三禮》」之語見告，可見先生一生學問之根基即在於文字學。

先生於文字學之貢獻有三：一、欲重建文字學之新系統。二、運用古文字糾正《說文》之誤。三、創以甲骨、金文考求古史、古制、古方名、地名。以下分別加以剖析。

一、重建文字學之新系統

先生研究文字之學，其重要著作為〈漢代古文考〉及〈史籀篇疏證〉二作，此二篇之作，駁斥史籀造大篆之說，證明戰國時秦用籀文，六國用古文，頗有為我國文字重建新系統之志。

〈說文序〉云：「黃帝之史倉頡，見鳥獸蹄迒之跡，知分理之可相別異也，初造書契。」又云：「倉頡之初作書。」又：「及宣王大史籀著大篆十五篇，與古文或異。」段氏注：「凡言古文者，謂倉頡所作古文也。」又：「名之曰籀篇、籀文者，以人名之。」

倉頡、史籀造字之說，數千年來已深入人心，至先生撰《史籀篇疏證》，乃從聲韻訓詁之學以證明史籀並非人名，則造字之說自屬無稽之談。先生又

從古書之著錄、文字之形體，證明「戰國時秦用籀文，六國用古文。」皆為最新之發明，道前人之所未道。先生此說若能成立，數千年來，倉頡造字、史籀作大篆之說，當可一掃而空，可謂文字學之一大革命。

二、糾正《說文》之誤

　　靜安先生甲骨、金文考釋之作甚多，其中頗有可以正《說文》之誤者。如證「《說文》說解之誤」：如「盉」為調酒器，《說文》誤釋為調味器。證「《說文》形體之誤」：如㫃，吳中丞釋為厄字，上象衡，下象厄，《毛詩・大雅》傳：厄烏喙也，〈釋名〉：烏喙向下义馬頭，〈既夕禮〉：楔狀如軛上兩末，是厄有兩末以义馬頸，㫃字正象之，後譌作㫃，失其形而存其音，小篆又添車作軛，遂為形聲字矣。證「《說文》聲類之誤」：如敢，毛公鼎從口，盂鼎從甘，殆以甘為聲，籀從月乃甘之譌，篆文從古，非其聲類矣。證「《說文》轉展之誤」：如弭，從因弱聲。因古文席字，《說文》席之古文作㡩，豐姞敦作 ，從人在宀下席上，其誼為宿。是席亦作因，《廣雅・釋器》：「因，席也。」《說文》：「因，一曰竹上皮。」蓋席以竹皮為之，因謂竹上皮為因，然則因本席字，由因㡩而譌作因，又譌作丙，宿弭二字同也。證「《說文》古文本一字，誤分為二字或二字以上者」：如觲、觛、厄、傳、顓五字同聲，當為同物，許君誤分之為五。證「《說文》六書之誤」，靜安先生有〈釋禮〉之作，舉卜辭文字以證豐為會意字，非象形字，蓋古者行禮以玉，珡字即珏字，則豐從珏在凵中，從豆，乃會意字而非象形字。

三、考求古史古制古方名地名

　　靜安先生文字學之研究，用以考證古史、古制、古方名、古地名者甚多，頗有裨益於古史地之研究。

　　先生考求古史古制之最著者，如殷代先公先王之考證，發明甲骨綴合之法，糾正《史記》「報丁、報乙、報丙」次序之誤，又考證卜辭中有「王亥」者，為殷之先祖，古籍中之核、該、賅均其誤字，其後又訛為「氷」，或訛為「振」，足以訂正古籍及《史記》之違失。又先生考證明堂之制及生霸死霸之問題，均有助於經史之研究。

　　先生考求古方名地名者，散見於其所著《金石彝器考釋》之中，如〈不䐗敦蓋銘〉有御方之考證，如〈散氏盤銘考釋〉有「周道」之考證，證明所

謂「周道」，即《水經注》渭水注所謂扞水出周道谷者也。

　　先生對甲骨、金文之貢獻，既已分章敘述於前，則本章所論者，為先生之古文說、史籀研究及其古文字之考釋。

第二節　古文說

　　我國古今字體，綜合言之，不外三大類，一曰篆書，二曰隸書，三曰草書。篆書，有古文、籀文、小篆之類，甲骨、金文均屬此一時期之遺跡。古文有載之於經籍之古文，有刻之於甲骨之古文、有鑄之於鐘鼎彝器之古文。王靜安先生於此三方面均有精深之研究。

　　民國四年（1915）十一月，先生撰有《漢代古文考》三卷，刊入《學術叢編》第八、九、十，三冊中。後釐分為九篇，收入《觀堂集林》卷七，計有：〈戰國時秦用籀文六國用古文說〉、〈史記所謂古文說〉、〈漢書所謂古文說〉、〈說文所謂古文說〉、〈說文今序篆文合以古籀說〉、〈漢時古文本諸經傳考〉、〈漢時古文諸經有轉寫本說〉、〈兩漢古文學家多小學家說〉、〈科斗文字說〉。

　　〈說文序〉云：「及宣王太史籀著大篆十五篇，與古文或異。至孔子書六經，左丘明述《春秋傳》，皆以古文。」古文本經傳，據王靜安先生所考，漢代所發現者十書十五本：

　　一、《周易》
　　　　（一）中古文本　　見《漢書・藝文志》。
　　　　（二）費氏本　　見《後漢書・儒林傳》。
　　二、《尚書》
　　　　（一）伏氏本　　《史記・儒林傳》：「秦時焚書，伏生壁藏之。」
　　　　（二）孔壁本　　《漢志》：「《古文尚書》出孔子壁中。」
　　　　（三）河間本　　見《漢書・景十三王傳》。
　　三、《毛詩》　　《漢志》：「毛詩二十九卷。」
　　四、《禮經》
　　　　（一）淹中本　　《漢志》：「禮古經者，出於魯淹中及孔氏。」
　　　　（二）孔壁本　　《漢志》：「魯恭王壞孔子宅，欲以廣其宮，而得《古文尚書》及《禮記》、《論語》、《孝經》，凡數十篇，皆古字也。」
　　　　（三）河間本　　《漢書・景十三王傳》：「河間獻王所得書，皆古文先

　　　　秦舊書，《周官》、《尚書》、《禮記》、《孟子》、《老子》之屬。」

五、《禮記》　　見《漢書・景十三王傳》。

六、《周官》　　見《漢書・景十三王傳》。

七、《春秋經》　　見《漢志》、〈說文序〉。

八、《春秋左氏傳》　　《論衡・案書篇》：「《春秋左氏傳》者，蓋出孔子
　　　　壁中。孝武皇帝時，魯共王壞孔子教授堂以爲宮，得佚《春秋》三
　　　　十篇，《左氏傳》也。」然〈說文序〉則云北平侯張倉獻《春秋左
　　　　氏傳》，而敘孔壁中書但有《春秋經》，無《左氏傳》，《漢志》亦然。
　　　　疑王仲任所云出孔壁中者，涉《春秋經》而誤也。《漢志》所著錄
　　　　者即古文本。《劉歆傳》：「歆校祕書，見古文《春秋左氏傳》，大好
　　　　之。」是也。服虔注襄二十五年傳云：「古文篆書一簡八字。」蓋
　　　　子愼之時，其原本或傳寫古文之本，猶有存焉者矣。

九、《論語》　　《漢志》：「《論語》古二十一篇，出孔子壁中，兩子張。」
　　　　其本亦至後漢尚存，故《說文解字》中頗引其字。

十、《孝經》　　《漢志》：「《孝經》古孔氏一篇，二十二章。」又云：「《孝
　　　　經》諸家說不安處，古文字讀皆異。」許沖〈上說文解字表〉云：
　　　　「古文《孝經》者，昭帝時，魯國三老所獻；建武時，給事中議郎
　　　　衛宏所校。」是其本亦至後漢尚存。

以上十種，十有五本，其存於後漢者，惟孔子壁中書及《左氏傳》，故後漢以
後，古文之名遂爲壁中書所專有矣。

　　兩漢傳經本既多用古文，因之兩漢古文學家如張敞、桑欽、杜林、衛宏、
徐巡、賈逵、許愼諸氏，皆古文學家兼小學家。靜安先生曰：

　　　原古文學家之所以兼小學家者，當緣所傳經本多用古文，其解經須
　　　得小學之助，其異字亦足供小學之資，故小學家多出其中，比而錄
　　　之，亦學術溝通之林也。

先生研究古文，最大之創獲，乃爲秦用籀文，六國用古文之發現。先生認爲
秦時統一文字，罷其不與秦文合者，其〈倉頡〉、〈爰歷〉、〈博學〉三篇爲小
篆，皆取自〈史籀篇〉大篆，故知秦文即籀文，六藝（《詩》、《書》、《易》、《禮》、
《樂》、《春秋》）皆用東方（六國）通行文字寫成，不流布於秦，六國文字，
即爲古文。先生曰：

　　　故古文、籀文者，乃戰國時東南二土文字之異名，其原皆出於殷周

古文，而秦居宗周故地，其文字猶有豐鎬之遺，故籀文與自籀文出之篆文，其去殷周古文反較東方文字（即漢世所謂古文）爲近。自秦滅六國，席百戰之威，行嚴峻之法，以同一文字，凡六國文字之存於古籍者，已焚燒剗滅，而民間日用文字，又非秦文不得行用，觀傳世秦權量等，始皇廿六年詔後，多刻二世元年詔，雖亡國一二年中，而秦法之行如此，則當日同文字之效可知矣。故自秦滅六國以至楚漢之際，十餘年間，六國文字遂遏而不行，漢人以六藝之書皆用此種文字，又其文字爲當日所已廢，故謂之古文。（〈戰國時秦用籀文六國用古文說〉）

先生此說，周予同頗能爲之闡發，其言曰：

他的意見，以爲「古文」係秦漢以前的文字的總稱，「古文」就是「古代文字」的簡稱。《史》、《漢》、《說文》及其他書籍上所說的「古文」，其含義很複雜，大別可分爲：一、「殷周古文」；二、「六國古文」；三、「孔壁古文」。「殷周古文」，現存的材料就是近世出土的殷墟甲骨文字和北宋以來出土的鐘鼎彝器的款識。這種材料的來源大都可信，牠的拓本也都可以目驗，所以很可以根據牠以糾正《說文》及其他舊文字學上所寫的「古文」。「六國古文」就是戰國時六國所用的文字，係由「殷周古文」遞變而成，和當時秦所用的籀文成對峙的形勢。因爲靜安先生主張「古文」與「籀文」是戰國時代東土（六國）與西土（秦）同時所用的兩種字體，不是如《說文》等書所說的，以籀文爲後一代的字體，是由前代的「古文」變改而成。「孔壁古文」就是《史》、《漢》、《說文》上所說的漢武帝時魯恭王壞孔子宅壁所得的古文，也就是經古文學家因以另起家法以與今文學對抗的古文。靜安先生對於孔壁得書一案，雖不像經今文學者的過激，以爲完全是假造的鬼話；但以爲《說文》所載的古文都根據於壁中書及張蒼所獻的《春秋左氏傳》，假使我們能以新出土的「殷周古文」證實《說文》所載古文的誤謬，那麼，孔壁得書一案也因之可以定讞了。所以依靜安先生的意見，古文一詞至少須加以限制詞，如稱爲「殷周古文」、「六國古文」、「孔壁古文」，而不能含糊的總稱爲「古文」，因爲牠大有眞僞是非先後的區別呢！」（〈追悼一個文字學的革命者——王靜安先生〉）

耘僧（朱芳圃）《王靜安學述》，據先生諸作特列一表以表彰先生所建立之文字學新系統，其表如下：

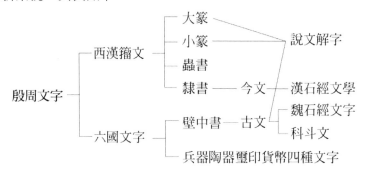

〈戰國時秦用籀文六國用古文說〉爲先生之一大創獲，此說若能成立，實爲近代研究文字學上之一大突破。惟錢玄同以爲此說不能成立。其言曰：

> 王國維也知道壁中古文與殷周古文不合，但他又造出「戰國時秦用籀文六國用古文」之說，王氏自信「此說之不可易」，據我看來，不但可易，而且還著實該易。……秦之統一文字，其事之性質正與今之統一國語相類，其竭力推行，務期普及，今者亦正相類。……秦所要罷的，係專指形式「不與秦文合者」而言，大不合的固然要罷，小不合的也是要罷，因爲目的在於使文字統一。六國的文字究竟比秦差了多少，這個我們固然不能臆斷，但就現存的鐘鼎看來（連秦國的），則可以說這樣幾句籠統話。要說異，似乎各國文字彼此都有些小異，要說同，也可以說彼此大體都相同。ㄨㄅㄓㄨ 一句話，大同小異而已！若區爲東土、西土兩種文字，則進退失據之論也。而況今所存齊魯邾諸國的鐘鼎文字，跟壁中古文距離之遠，正與秦文跟壁中古文距離之遠一樣呢！還有，王氏說「秦書八體中有大篆無古文」，這是因爲秦時還沒有所謂「孔子書六經以古文」之說，儒者之傳授六經，其初僅憑口耳，漸乃著於竹帛，著竹帛之時通用什麼樣的文字，他們就寫什麼樣的文字，傳經之儒對於文字的形式是絕不注重的，所以彼此所傳，異文假借非常之多。講到《史記》中的「秦撥去古文」一語，那是劉歆們竄入的。凡《史記》中古文二字，都是劉歆竄入的，這個意思，康氏的《僞經考》已啓其端，先師的《史記探源》乃盡發其覆。揚雄之時，古文僞經已出，揚雄便

是上當的一個人，許慎更是迷信古文經的，所以他們倆的話是絕不足信的。總而言之，羅王兩氏都是精研甲骨鐘鼎文字的，他們看到文中的古文與甲骨鐘鼎文字差得太遠，知道它不古，這是他們的卓識，但總因爲不敢懷疑於壁中書之爲僞物，於是如此這般曲爲解釋，或目它爲「列國詭更正文之文字」，或目它爲「晚周文字」，或目它爲「東土文字」，其實皆無稽之談也。（〈與顧頡剛論說文書〉）

第三節　史籀研究

籀文，或稱大篆，其字體之特色，乃在於筆劃緐重，結體方正。靜安先生〈史籀篇疏證序〉云：

《史篇》文字，就其見於許書者觀之，固有與殷周間古文同者，然其作法，大抵左右均一，稍涉繁複，象形象事之意少，而規旋矩折之意多。

籀文之特色，即在於字體方正，較鐘鼎所著踦斜不整者，爲有別矣。如：

燒	小篆	燒	籀文
爐	小篆	爐	籀文
車	小篆	車	籀文
涉	小篆	涉	籀文
雲	小篆	雲	籀文

《史籀》之篇目及成書時代，《漢書・藝文志》云：

《史籀》十五篇。」班固自注：「周宣王太史作《大篆》十五篇。建武時，亡六篇。

《漢書・藝文志・小學類後序》云：

《史籀篇》者，同時史官教學童書也，與孔氏壁中古文異體。

許慎〈說文解字序〉云：

及宣王太史籀著《大篆》十五篇，與古文或異。

由以上所引，可知《史籀篇》爲周宣王時太史名籀者之所作，共計十五篇，此種字體名爲籀文或稱大篆。

史籀著書之說，相沿二千餘年來，均無異說，至先生撰《史籀篇疏證》，乃從聲韻訓詁上證明史籀並非人名，「籀」當作「讀」字解，《史籀篇》首句

當作「太史籀書」，太史籀書即是太史讀書之意。先生曰：

一、史籀爲人名之疑問也。自班〈志〉、許〈序〉以史籀爲周宣王太史（原注，殆本之劉向父子），而班許從之，二千年來無異論。余顧竊有疑者。《說文》云：「籀，讀也。」又云：「讀，籀書也。」古籀、讀二字同音同義。又古者讀書皆史事。《周禮・春官・大史職》：「大祭祀，戒及宿之日，與群執事讀禮書而協事。大喪，遣之日，讀誄。」〈小史職〉：「大祭祀，讀禮灋，史以書敘昭穆之俎簋。卿大夫之喪，賜謚，讀誄。」〈內史職〉：「凡命諸侯及公卿大夫，則冊命之（原注，謂讀冊書）；凡四方之事書，內史讀之。」〈聘禮〉：「夕幣，史讀書展幣。」〈士喪禮〉：「主人之史讀賵，公史讀遣。」是古之書皆史讀之。《逸周書・世俘解》：「乃俾史佚縣書于天號。」〈嘗麥解〉：「作筴許諾，乃北向縣書于兩楹之間（原注：作筴，即《書・洛誥》之作冊，乃內史之異名也）。」縣即籀字，《春秋左氏傳》之卜縣，《說文解字》引作卜籀，知《左氏》古文縣本作籀，《逸周書》之縣書亦當作籀書矣。籀書爲史之專職，昔人作字書者，其首句蓋云：「大史籀書」，以目下文，後人因取句中史籀二字名其篇（原注：古字書皆以首二字名篇，存者有《急就篇》可證，推之《倉頡篇》，首句當云倉頡作書。《爰歷》、《博學》諸篇，當無不然。觀《詩》、《書》及周秦諸子，大抵以首二字名篇，此古代名書之通例也）。大史籀書猶言大史讀書。劉、班諸氏不審，乃以史籀爲著此書之人。其官爲大史，其生當宣王之世，是亦不足怪。李斯作《倉頡》，其時去漢甚近，學士大夫類能言之。然俗儒猶以爲古帝之所作，以《倉頡篇》爲倉頡所作，無惑乎以《史籀篇》爲史籀所作矣。不知「大史籀書」，乃周世之成語；以首句名篇，又古書之通例。而猥云有大史名籀者作此書，此可疑者一也。

一、《史籀篇》時代之疑問也。史籀之爲人名可疑，則其時代亦愈可疑。《史篇》文字，就其見於許書者觀之，固有與殷周間古文同者，然其作法大抵左右均一，稍涉繁複，象形象事之意少，而規旋矩折之意多。推其體勢，實上承石鼓文，下啓秦刻石，與篆文極近。至其文字出於《說文》者才二百二十餘，然班固謂《倉頡》、《爰歷》、《博學》三篇文字，多取諸《史籀篇》。許慎亦謂其皆取《史籀》大篆，或頗省改。或之者，疑之；頗之者，少之也。《史籀》十五篇，

文成數千，而《説文》僅出二百二十餘字，其不出者，必與篆文同者也。考戰國時秦之文字，如傳世秦〈大良造鞅銅量〉，乃孝公十六年作，其文字全同篆文。〈大良造鞅戟〉亦然，〈新郪虎符〉作於秦并天下以前，其符凡四十字，而同於篆文者三十六字。〈詛楚文〉摹本文字，亦多同篆文。而「纍毆參嗣意」五字，則同籀文。篆文固多出於籀文，則李斯以前秦之文字，謂之用篆文可也，謂之用籀文亦可也。則《史籀篇》文字，秦之文字，即周秦間西土之文字也。至許書所出古文，即孔子壁中書，其體與籀文、篆文頗不相近，六國遺器亦然。壁中古文者，周秦間東土之文字也。然則《史籀》一書殆出宗周文勝之後，春秋戰國之間，秦人作之，以教學童，而不行於東方諸國，故齊魯間文字，作法體勢與之殊異。諸儒著書口説，亦未有及之者。惟秦人作字書，乃獨取其文字，用其體例。是《史篇》獨行於秦之一證。若謂其字頗同於殷周古文，當爲古書，則篆文之同於殷周古文者亦多矣。且秦處宗周故地，其文字自當多仍周舊，未可因此遽定爲宗周時之書，此可疑者二也。

先生此說於史籀人名、時代之問題，尚存懷疑之態度，其後撰〈戰國時秦用籀文六國用古文說〉，乃由懷疑之態度爲堅決之主張。先生曰：

余前作〈史籀篇疏證序〉，疑戰國時秦用籀文、六國用古文，並以秦時古器遺文證之。後反覆漢人書，益知此說之不可易也。班孟堅言《蒼頡》、《爰歷》、《博學》三篇，文字多取諸《史籀篇》，而字體復頗異於所謂秦篆者也。許叔重言：「秦始皇帝初兼天下，丞相李斯乃奏同文字，罷其不與秦文合者，斯作《蒼頡篇》，中車府令趙高作《爰歷篇》，太史令胡母敬作《博學篇》，皆取《史籀》大篆，或頗省改，所謂小篆者也。」是秦之小篆本出大篆，而《蒼頡》三篇未出，大篆未省改以前，所謂秦文即籀文也。司馬子長曰秦撥去古文，揚子雲曰秦剗滅古文，許叔重曰古文由秦絕。案秦滅古文，史無明文，有之惟有一文字與焚《詩》、《書》二事。六藝之書行於齊魯，爰及趙魏，而罕流布於秦（原注：猶《史籀篇》之不行於東方諸國）。其書皆以東方文字書之，漢人以其用以書六藝，謂之古文。而秦人所罷之文，與所焚之書，皆以此種文字，是六國文字即古文也。觀秦書八體中，有大篆無古文，而孔子壁中書與《春秋左氏傳》，凡東土之

書，用古文不用大篆，是可識矣。故古文籀文者，乃戰國時東西二土文字之異名，其源皆出於殷周古文。而秦居宗周故地，其文字猶有豐鎬之遺，故籀文與自籀文出之篆文，其去殷周古文，反較東方文字（原注：即漢世所謂古文）爲近。自秦滅六國，席百戰之威，行嚴峻之法，以同一文字。凡六國文字之存於古籍者，已焚燒划減。而民間日用文字，又非秦文不得行用。觀傳世秦權量等，始皇廿六年詔後，多刻二世元年詔。雖亡國一二年中，而秦法之行如此，則當日同文字之效可知矣。故自秦滅六國，以至楚漢之際十餘年間，六國文字遂過而不行。漢人以六藝之書皆用此種文字，又其文字爲當日所已廢，故謂之古文。此語承用既久，遂若六國之古文即殷周古文，而籀篆皆在其後，如許叔重〈說文序〉所云者，蓋循名而失其實矣。

先生「太史讀書」之說，並及「秦用籀文六國用古文」之論，皆道前人所未道，實文字學研究之一大發明，此說若能成立，數千年來史籀著書之說，當可一掃而空，可謂文字學上之一大革命。然本師林景伊先生、潘石禪先生均不以爲然。林景伊先生曰：

籀文就是大篆，它通行的時代，古人看法跟近人略有不同。《漢書·藝文志》，於小學類首列「史籀十五篇」，班固自注：「周宣王太史作《大篆》十五篇；建武時，亡六篇矣。」〈藝文志·小學類後敘〉：「《史籀篇》者，周時史官教學童書也；與孔氏壁中古文異體。」許慎作《說文解字》，根據班〈志〉，於敘中說：「及宣王太史籀，著《大篆》十五篇，與古文或異。」同樣肯定史籀大篆是周宣王時代的文字，並且進一步認爲「籀」爲太史的名字。一直到了民國初年，王國維先生在〈史籀篇疏證〉才提出異議。略云：《史籀》十五篇，古之遺書，戰國以前，未見稱述。爰逮秦世，李、趙、胡母本之，以作《蒼頡》諸篇；劉向校書，始著於錄。自班志、許序以史籀爲周宣王太史，其說蓋出劉向父子，而班序從之，上千年來無異論。余竊有疑者。《說文》云：「籀，讀之。」又云：「讀，籀書也。」古籀、讀二字同意同義。昔人作字書者，其首句蓋云「大史籀書」，以目下文，後人因取首句「史籀」二字以名其篇。故王氏以「史籀」非人名，爲書名，同時斷定史籀爲「春秋戰國之間，秦人作之，以教學童」

者，非周宣王時所作。王氏全部證據，僅爲《史籀篇》在「戰國以前，未見稱述」，顯然地，這個消極證據用來證明《史籀》非宣王時作，實在太薄弱了。王氏從而引《說文》對「籀」、「讀」二字的解釋，認爲籀是動詞，而非名詞；其實《說文》爲許慎所作，許慎對此豈有不知的道理？許慎既知籀本義爲動詞，而敍以大史籀之籀爲人名，自然有他的理由和根據。王氏所說「史籀」之得名，非因此十五篇爲「大史籀」所作，而是首句有「大史籀書」之故；這也不對。果如王說，《史籀篇》應該用此句一二兩字叫「大史篇」，不應取二三兩字叫「史籀篇」。王氏最後斷定《史籀》「春秋戰國之間，秦人作之，以教學童。」這話含意太模糊了。如說《史籀》爲春秋時作，春秋起於周平王元年（770）東遷，其年秦始爲諸侯，上距宣王（西元前 827～782）不過十二年之差，王氏所爭，難道僅爭第十二年？如說戰國時作，戰國時秦力雖強，然務於攻伐，是否有餘力於武事之餘整理文字，大有疑問。如說秦一統時作，那更不對了，因爲「爰逮秦世，李、趙、胡毋本之，以作《蒼頡》諸篇。」爲王氏所不否認；《史籀篇》既爲李、趙、胡毋所本，時代在「秦世」之前，自然也是天經地義的事。我個人認爲，文字之整理，必爲太平盛世或大一統時事，黃帝史官倉頡首次整理文字是一證明；秦一統後，李斯等第三次整理文字也是一證，在這兩次之間，中國第二次整理文字之在春秋之前的宣王中興時代，是與歷史法則契合的。因此，班志、許序以《史籀》爲宣王時作，周時史官以教學童的記載，在我們看來，比較王國維之說，更合乎歷史的眞實。

本師潘石禪先生以爲王靜安先生此說遠違事實，而大亂吾國文字承傳之眞實，因著〈史籀篇非周宣王時太史籀所作辨〉以說之，以明王靜安先生此說之值得商榷，文長不便引錄。

第四節　古文字學之貢獻

靜安先生於古文字考釋之作，計有：〈戩壽堂所藏殷虛文字考釋〉、〈毛公鼎銘考釋〉、〈散氏盤銘考釋〉、〈不娛敦蓋銘考釋〉、〈盂鼎銘考釋〉、〈克鼎銘考釋〉、〈釋史〉、〈釋由上下〉、〈釋薛上下〉、〈說俎上下〉、〈說珏朋〉、〈釋天〉、

〈釋昱〉、〈釋旬〉、〈釋物〉、〈釋西〉、〈釋牡〉、〈釋彌〉、〈釋䑠〉、〈釋牌〉、〈釋禮〉、〈釋觶斝卮㪍㪍〉等作。

先生古文字之考釋，一般言之均極精塙，有本之《說文》者，有參之甲骨者，有斟之金文者，有依乎成說者，其詳已見於前章〈王靜安先生甲骨學〉、〈王靜安先生金石學〉。先生研究貢獻不僅在於文字之考釋，而在於古文字之運用，其中以考求古史古制、考求古方名古地名、正《說文》之誤三者最爲重要。茲分別舉例說明之。

一、考求古史古制

靜安先生研究古文字學，其最大之貢獻，乃創以殷虛甲骨及吉金文字以考求古史、古制及古方名、古地名。

（一）正《史記》之譌誤

先生發明綴合之法，合二折片（後上八葉，第十四片合戩一第十片），其文爲：「乙未酒茲品上甲十、報乙三、報丙三、報丁三、示壬三、示癸三、大丁十、大甲十。」因以糾正《史記》報丁、報乙、報丙、示壬、示癸爲序之誤。又卜辭中有「王亥」，先生考證王亥即殷之先祖，古籍中之核、該、賅均其誤字，其後又訛爲氷，或訛爲振，足以訂正古籍及《史記》之譌誤。

（二）考古代明堂之制

明堂之制，歷來聚訟不決，此制起源最古，秦時已失傳，自漢以後，歧說愈多，先生乃據甲骨、金文、《史記》、《考工記》及有關古籍，以證明明堂之制爲古代宮室宗廟之通制。先生曰：

> 明堂之制，既爲古代宮室之通制，故宗廟之宮室亦如之。古宗廟之有太室，即足證其制與明堂無異。殷商卜文中兩見太室，此殷宗廟中之太室也。周則各廟皆有之。《書·洛誥》：王入太室祼。王肅曰：「太室，清廟中央之室，此東都文王廟之太室也。」〈明堂位〉又言：「文世室武世室。」〈吳彝蓋〉云：「王在周成太室。」〈君夫敦蓋〉云：「王在周康宮太室。」〈鬲攸从鼎〉云：「王在周康宮辟太室。」〈曶鼎〉云：「王在周穆王太□。」〈伊敦〉云：「王格穆太室。」則成王康王穆王諸廟皆有太室，不獨文武廟矣。至太室四面各有一廟，亦得於古金文字中證之。〈克鐘〉云：「王在周康刺宮。」〈頌鼎〉云：「王在周康邵宮。」〈寰盤〉云：「王在

周康穆宮。」〈望敦〉云：「王在周康宮新宮。」同在宗周之中，又同爲康王之廟，而有昭穆烈新四宮，則雖欲不視爲一廟中之四堂，不可得也。康宮如此，他亦宜然，此由太室之制度言之，固當如是。若從先儒所說古宗廟之制，則更無太室之可言矣。（《觀堂集林》卷三〈明堂廟寢通考〉）

（三）生霸死霸考

周人察太陰之明晦，立生霸、死霸諸名以繫時，近代學者名之曰：「八相」，《說文》云：

> 霸，月始生魄然也。承大月二日，小月三日，從月，𩁹聲。《周書》曰：「哉生霸。」

馬融云：

> 魄，朏也。謂月三日始生兆朏，名曰魄。

《法言‧五百篇》：

> 月未望則載魄於西，既望則終魄於東。

《白虎通‧日月篇》：

> （月）三日成魄，八日成光。

以上所引諸家說，均以霸屬月之有光者，朔後霸生，望後霸死，惟劉歆《三統曆》云：「死霸，朔也；生霸，望也。」後人多承其失。俞樾作〈生霸死霸考〉，乃援引許慎、馬融之說以正之，然於諸日名稱，除哉生魄外，尚用歆說。王靜安先生乃集三代古彝器銘文，得古之所以名月者凡四。先生曰：

> 余覽古器物銘，而得古之所以名日者凡四：曰初吉、曰既生霸、曰既望、曰既死霸。因悟古者蓋分一月之日爲四分：一曰初吉，謂自一日至七、八日也；二曰既生霸，謂自八、九日以降至十四、五日也；三曰既望，謂十五六日以後至二十二、三日；四曰既死霸，謂自二十三日以後至于晦也。

霸即是月始生之明，先生曰：

> 蓋月受日光之處，雖同此一面，然自地觀之，則二十三日以後，月無光之處，正八日以前月有光之處，此即後世上弦、下弦之由分，以始生之明既死，故謂之既死霸，此生霸、死霸之確解，亦即古代一月四分之術也。若更欲明定其日，於是有哉生魄（《書‧康誥》及〈顧命〉）、旁生霸（《漢書‧律曆志》引《古文尚書‧武成》、《逸周

書‧世俘解》均作「既旁生霸」、「既」字疑衍。)、旁死霸（《古文

尚書‧武成》及《周書‧世俘解》）諸名。哉生魄爲二日或三日，自

漢已有定說。旁者溥也，義進於既，以古文武成差之。如既生霸爲

八日，則旁生霸爲十日，既死霸爲二十三日，則旁死霸爲二十五日，

事與義會，此其證矣。（《觀堂集林》卷一）

先生之〈生霸死霸考〉，據吉金文字考周人「一月四分之術」，以探古人紀日
之法，及其訂正生霸、死霸之塙解，皆有裨於經史之研究。

二、考求古方名古地名

（一）釋 𡇈

卜辭云：「庚申卜爭貞乎伐𡇈方受㞢又。」（續三‧六‧二，戩十一‧十一）

先生曰：

𡇈方國名，孫比部釋爲昌方，然昌字無作𡇈之理。惟卜辭吉字或作

𠙵（《前編》卷七第二十二及二十七葉）或作𡇈（《前編》卷七葉），

與𡇈相似，然無由證𡇈𡇈之爲一字也。卜辭云：「土方征于我東鄙

□二邑，𡇈方亦收我西啚田。」（《書契菁華》），則其國在殷之西矣。

案：此字有五義：（1）《書》「百工」之工，《詩》「臣工」之工。（2）《詩‧小

雅‧楚茨》「工祝致告」之工，祝官也。（3）祭名。（4）恐之初文。（5）方名，

疑即鬼方。

（二）釋御方

先生曰：

御方者蓋古中國人呼西北外族之名，方者國也，其人善御，故稱御

方。殷時已有此稱，《殷虛卜辭》云：「貞遘于御方（《殷虛書契》卷

七第十一葉）。」周人或以爲以名。噩侯鼎云：「噩侯馭（御）方内

饗于王。」《博古圖》二載穆公鼎云：「亦推噩侯馭方。」率南夷、

東夷、廣南國、東國，則馭方者，噩侯之名，以馭方爲名，如鄭靈

公之名夷，宋景公之名蠻矣。（〈不㲈敦蓋銘考釋〉）

（三）釋周道

先生曰：

周道即《水經‧渭水注》所謂扞水出周道谷者也，此名至後魏猶存

矣。（〈散氏盤銘考釋〉）

三、正《說文》之誤者

（一）正說解之誤

盍盍爲調酒器，《說文》誤釋爲調味器（《觀堂集林·說盍》）。

（二）正形體之誤

🔲象倒矢在函中。🔲殆即古文函字，古者盛矢之器有二種，皆倒載之。矢在函中有臽義。又與臽同音，故古文假爲臽字，毛公鼎「勿以乃辟🔲于囏」，吳式芬釋臽，此敦🔲字亦然。⋯⋯然則🔲字之爲陷字之假借，無疑，諸字釋是也。（〈毛公鼎考釋〉）

🔲，吳中丞釋爲厄字，上象衡，下象厄，《毛詩·大雅》傳厄鳥喙也，《釋名》鳥喙向下义馬頭，〈既夕禮〉楔狀如輓上兩末，是厄有兩末以义馬頸，🔲字正象之，後譌作厄，失其形而存其音，小篆又添車作輓，遂爲形聲字矣。（〈毛公鼎考釋〉）

（三）正聲類之誤

敢，毛公鼎作🔲，從口，盂鼎作🔲，作🔲，從甘，殆以甘爲聲，籀文所從月乃甘之譌，篆文從古，非其聲類矣。（《史籀篇疏證》）

牡，《說文》：「牡，畜父也。從牛，土聲。」案牡古音在尤部，與土聲遠隔。卜辭牡字皆從土，土古士字，孔子曰推十合一爲士，土字丨（古文十字）一之合矣，古音士在之部，牡在尤部，之尤二部音最相近，牡從土聲，形聲兼會意也。士者男子之稱，吉多以士女連言，牡從士與牝從匕同；匕者比也，比於牝也。（《觀堂集林》卷六〈釋牡〉）

（四）正展轉之誤

彌，從囙弱聲。囙，古文席字，《說文》席之古文作🔲，豐姞敦宿作🔲，從人在宀下席上，其誼爲宿，是席亦作囙。《廣雅·釋器》「茵席也」，《說文》「茵一曰竹上皮」，蓋席以竹皮爲之，因謂竹上皮爲茵。然則囙本席字，由囙囩而譌茵，又譌爲茵，宿彌二字同也。（〈毛公鼎銘考釋〉，又《觀堂集林》卷六〈釋彌〉）

（五）古文本一字，正《說文》誤分爲二字、三字、四、五字者

許君謂🔲字有二音二義（篆文爲郭，古文爲墉）故分爲二字，其實本是一字，史之本義爲持書之人，引申爲大官，及庶官之稱，又引申爲職事之稱。其後三者各需專字，於是史、吏、事三字，於小篆中截然有別，持書者謂之史，治人者謂之吏，職事者謂之事。（《觀堂集林》卷六〈釋史〉）

觶觛卮𤮰𤭏五字同聲，則亦當爲同物，許君因其字不同，乃以形之大小，與有耳、蓋與否別之，其實一而已矣。(《觀堂集林》卷六〈釋觶觛卮𤮰𤭏〉)

（六）正六書之誤

《說文》云：「禮、履也，所以事神致福也，从示从豐，豐亦聲。」又豐部：「豐，行禮之器也，从豆象形。」先生舉卜辭文字以證豐爲會意字，非象形也。靜安先生曰：「殷虛卜辭有豐字，其文曰：『癸未卜貞𨛞豐。』」（《殷虛書契後編》卷下第八葉）古拜珏同字，卜辭珏字作丰𢆉𢆏三體，則豐即豐矣，又有🀙字（《書契前編》卷二第三十九葉）及🀚字（《後編》卷下第二十九葉）。🀙🀚又一字，卜辭𣪊字（《後編》卷下第四葉）或作𣪊（《鐵雲藏龜》第一百四十三葉）其證也，此二字即小篆豐字所从之豐，古凵凵一字，卜辭出或作𠱠，或作𠱠，知豐可作🀙🀚矣，豐又其繁文，此諸字皆象二玉在器之形，古者行禮以玉，故《說文》曰：「豐，行禮之器。」其說古矣，惟許君不知拜字即珏字，故但以从豆象形解之，實則豐从珏在凵中，从豆乃會意字而非象形字也。

綜觀先生古文字之研究，其方法縝密，識字精審，集古文字學之大成，又創以古文字研究古史地，其所裨益於經史二學者，實爲近代史之第一人也。

第六章　王靜安先生之聲韻學

第一節　概　說

　　王靜安先生於聲韻學之重要撰著，計有〈五聲說〉、〈書巴黎國民圖書館所藏唐寫本切韻後〉、〈書吳縣蔣氏藏唐寫本唐韻後〉、〈書內府所藏王仁昫切韻後〉、〈書式古堂書畫彙考所錄唐韻後〉、〈李舟切韻考〉、〈書小徐說文解字篆韻譜後〉、〈書古文四聲韻後〉、〈書金王文郁新刊韻略張天錫草書韻會後〉、〈兩周金石文韻讀〉等。

　　靜安先生於聲韻之主張，其要有四：一、五聲說，二、古韻之主張，三、古字母之研究，四、隋唐韻書之研究。以下分別說明。

一、五聲說

　　靜安先生於聲韻之研究，其最重要者為「五聲說」，所謂五聲即是「陽類一，與陰類之平上去入四，是也。」先生曰：

> 陽聲自為一類，有平而無上去入。今韻於此類之字，讀為上去者，
> 皆平聲之音變。而此類之平聲，又與陰類之平聲性質絕異。如謂陰
> 類之平為平聲，則此類不可別立一名，陽聲一與陰聲平上去入四，
> 乃三代秦漢間之五聲。此說本諸音理，徵諸周秦漢初人用韻，求諸
> 文字之形聲，無不吻合。……宋齊以後四聲說行，而五聲說微。然
> 周顒、沈約等撰韻書者，非不知有五聲。約答陸厥書曰：「宮商之聲
> 有五，文字之別累萬，以累萬之繁，配五聲之約」云云。約知有五

聲而作四聲譜者，以四聲譜爲屬文而作，本非韻書。且其時陽類已顯分三聲，與陰類三聲及入聲而七。用之詩文，則陰陽可以互易，而平仄不能相貿，故合陰陽兩類而爲四聲，四聲者，就今音言之也。且五聲專以聲言，四聲乃以聲音之運用於詩文言。隋唐後編韻書者，亦本爲詩文而作，遂從沈譜，并陰陽爲一類。然一有入，一無入，後世猶得由之以知其族類性質之不同。……余之五聲說，及陽聲無上去入說，不過錯綜戴孔段王江五家之說，而得其會通，無絲毫獨見參於其間。而證之事實則如彼，求之諸家之說又如此，陽聲之無上去入，雖視爲定論可也。（《觀堂集林》卷八）

先生五聲說不失爲有價值之假設，朱芳圃云：「先師燕居時，與同門談及五聲之說，自言尚有修改處，則是說已非其晚年定論，學者分別觀之可也。」朱氏之言，頗具見地。

二、古韻之主張

王靜安先生於古韻分部之主張，王江之古韻二十二部說，殆已成定論。先生曰：

古韻之學，自崑山顧氏，而婺源江氏，而休寧戴氏，而金壇段氏，而曲阜孔氏，而高郵王氏，而歙縣江氏，作者不過七人，然古音二十二部之目，遂令後世無可增損，故訓詁名物文字之學，有待於後人者尚多，至古韻之學，謂之前無古人後無來者可也。（〈兩周金石文韻讀序〉）

讀先生〈兩周金石文韻讀序〉，可知先生以爲古韻二十二部之目，殆成專論，故不再事探討，雖後章太炎先生、黃季剛先生又有二十三部、二十八部之分，較江、王二家爲精密，然先生亦未及深入研究。

三、古字母研究

靜安先生古字母研究，雖迄未成書，然於其擔任北大研究所國學門通信導師之研究發題中，亦頗能示吾人治學之途徑。其說如下：

一字一音，有母有韻。古韻之學創於宋人，至近世而極盛。古字母之學創於嘉定錢氏，同時休寧戴氏亦作轉語二十章，而其書不傳，其流亦微。惟番禺陳氏作《切韻考》，始據《廣韻》中反切，以求中

古字母之系統，其所得與等韻家之三十六字母不同，至於古音中之字母，則尚未有論其全體者，此亦音韻學上之一關點也。此問題不待說明，所當說者材料與方法耳！今舉其要，約有五端。一、經傳異文，如《尚書》古今文《春秋》三傳實同名異，往往遇之，漢儒注中，某讀爲某，亦其類也。二、漢人音讀，古注中某讀如某，某讀若某是也。三、音訓，如仁人、義宜之類，《釋名》一書，所用以相釋者，什八九皆同母字也。四、雜聲字，如玄黃、臀發、栗烈之類，皆同母字也。五、反切，孫炎以下，至於徐邈、李軌之音，見古書注及《經典釋文》者是也。苟以此數者參互相求，但順材以求合，而不爲合以驗材，仿顧氏《唐韻正》之例，勒爲一書，庶幾古字母部目，或覩其全，不讓古韻之學專美歟！

四、隋唐韻書之研究

王靜安先生於隋唐韻書之研究著述甚多，其重要貢獻爲敦煌寫本之研究，陸法言事迹之考證，孫愐《唐韻》及李舟《切韻》之研究。

先生於唐代韻學之沿革，考證極精，分唐代韻書爲二大系：一、六朝正音。二、唐代方音。六朝正音，以部次觀之，又分之爲二：陸法言《切韻》、孫愐《唐韻》及小徐《說文解字篆韻譜》，夏英公《四聲韻》所據韻書爲一系；李舟《切韻》、大徐改定《篆韻譜》，與《廣韻》所據爲一系。唐代方音韻書亦分二派，張戩《考聲切韻》、陳廷堅《韻英》、《天寶御製韻英》、慧琳《一切經音義》，爲增韻派；武玄之《韻銓》爲併韻派。

茲列表如下：

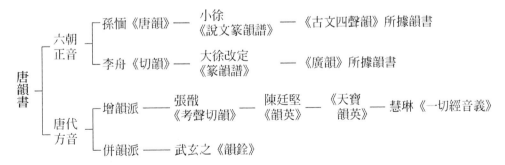

綜觀王靜安先生之聲韻學，其「五聲說」雖不失爲有價值之假設，然其

說能否成立，實有待吾人深入之探討，故於本章第二節論述之。隋唐韻書研究為先生之重要貢獻，先生又為國人研究敦煌韻書之第一人，於第三節論述先生此方面之重要成就。先生又有《兩周金石文韻讀》之作，余試取《詩經》用韻與先生之作比較研究之，以見先生於此學造詣之精審，石鼓拓本漫漶不清，自所難免，先生有小誤者一併正之，並隨文附錄先生原作以茲參考，此為本章第四節之作也。

第二節　五聲說之研究

一、王靜安之五聲說

　　王靜安「五聲說」之主張見於《觀堂集林》卷八。靜安先生認為古音有五聲，即陽類一與陰類之平上去入四是也。亦即平聲有二（有陰陽之分），上去入各一，是為五聲。先生認為自三百篇至漢初，此五聲者，大抵自相通叶，罕有出入，徵諸周秦漢初之用韻，求諸文字之形聲，無不吻合。

　　五聲之說淵源於戴震，以為陽聲猶擊金成聲，噌吰清揚而不易盡，故其類僅有平聲，不宜有遽促之上去入也，靜安先生認為陽聲無上去入，非徒可於音理上決之，求諸事實，則有三大證焉。如云：

> 一、群經楚辭中，今所謂陽聲之上去，多與平聲通協，而陰聲之上去，雖偶與平聲協，而仍多自相協，此事於段氏《詩經韻譜》、《群經韻譜》中最為了然。
>
> 二、陽聲諸部字，其於形聲，以平聲為聲者十之八九，而陰聲諸部字，則以上去入為聲者乃多於平聲。
>
> 三、《廣韻》陽聲諸部之上去，多兼收於平韻中，以東冬鍾江四韻字言之，上去共二百五十八字，其中兼收於平韻者一百二十五字，幾居其半。余謂其入平韻者，古之本音；入仄韻者，後世之音變也。

靜安先生據以上三證，遂斷言古陽聲惟一類，而無上去入，與陰聲之平上去入合為五聲。又曰：

> 宋齊以後，四聲說行，而五聲說微，然周顒、沈約等撰韻書者，非不知有五聲，約答陸厥書曰：「宮商之聲有五，文字之別累萬，以累

萬之繁，配五聲之約。」云云。約知有五聲而作四聲譜者，以四聲
譜爲屬文之作，本非韻書。且其時陽類已顯分三聲，與陰類三聲及
入聲而七。用之詩文則陰陽可以互易，而平仄不能相貿，故合陰陽
兩類而爲四聲。四聲者，就今音言之也。且五聲專以聲言，四聲乃
以聲音之運用於詩文言。隋唐後編韻書者，亦本爲詩文而作，遂從
沈譜并陰陽爲一類，然一有入，一無入，後世猶得由之以知其族類
性質之不同。……余之五聲説，及陽聲無上去入説，不過錯綜戴、
孔、段、王、江五家之説，而得其會通，無絲毫獨見參於其間，而
證之事實則如彼，求之諸家之説又如此，陽聲之無上去入，雖視爲
定論可也。

靜安先生五聲之説，固不失爲有價值之假設，究竟能否成立，迄今仍在存疑
之列。爲此，吾人可從聲調之本質以探其究竟。

二、聲調之本質

聲調成分爲漢語之主要特色之一，有聲調以區別語義，則音節單位乃可
擴增爲數倍；有聲調以區別同音異義之字，於利用時間而言，乃係最經濟之
辦法，如英文 mix，有四音位 miks，漢語「混」字亦爲四音位 xuen，另加不
佔時間之去聲調，英文變爲形容詞，則需另加一音位，爲 mixed，漢語「渾」
乃將去聲改爲陽平即可，時間上較英語節省甚多，故漢語聲調自有其特殊存
在之價值。

聲調（tone）與語調（intonation）不同，後者係整句之調子，其同一字所
表現之抑揚高低，隨語氣之變化而有不同，其在敘述句中可能爲降調，在疑
問句中，又可變爲高揚，漢語則不然，每字皆有固定之調，雖偶有連音之變
化，但一般言之，皆固定不移。

聲調之產生，由於彈性物體之顫動，同一時間內，顫動次數多者爲高，
反之爲低，此高低之別，即物理學與樂律學所謂之「音高」（pitch），語言學
及聲韻學，則稱之爲「聲調」，所謂「四聲」亦即「聲調」之高低抑揚變化。

傳統之漢語字音分析法，因收尾之不同，可分爲「陰聲韻」、「陽聲韻」、
「入聲韻」三類，陰聲韻係指以元音收尾之單字音而言，如「台」、「大」等
是。陽聲韻係指以鼻音-m、-n、-ŋ 收尾之單字音而言，如「商」、「專」等是。
入聲韻係指以塞音-p、-t、-k 收尾的單字音而言，如「德」、「直」等是。就發

音習慣而言，元音與鼻音皆可以拉長，塞音則在氣流衝出後即完全消失，因之塞音無法拉長。中古漢語之四聲中，陰聲韻與陽聲韻各有平、上、去三調，與一發即逝之入聲相比較，其本質之差異即在於韻尾。

四聲又因聲母清、濁之影響，而分「陰聲調」與「陽聲調」二種，亦即分成「陰平」、「陽平」、「陰上」、「陽上」、「陰去」、「陽去」、「陰入」、「陽入」八調，此與前述「陰聲韻」與「陽聲韻」截然有別，不可混為一談。

「陰聲調」如「東、董、凍、篤」四字，皆為清聲母之「端」母字，「陽聲調」如「同、動、洞、毒」四字，皆為濁聲母之「定」母字。

古人四聲讀法如何，因無耳聞之資料，可供探討，故今日已無從考求其「調值」，吾人今日研究古聲調，惟有仰賴中古韻書所歸納之「調類」。

三、古聲調之探討

論上古聲調者始於吳棫之「四聲互用說」，其後又有程迴之「三聲通用」，即平、上、去可合用不拘也。至陳第以為「四聲之辨，古人未有」，謂古雖或有四聲，第古人於聲調之觀念，則未若後人有清晰之劃分也。顧炎武又以為「古詩用韻，四聲一貫」，謂雖有四聲互用，未若後世平上去入之嚴於區分，其說乃承陳氏而來。江永亦從顧氏之說，以為古四聲可以通用，但與顧氏不盡同，顧氏主張作詩之人可隨其遲疾、輕重、抑揚、高下而隨時變通之，江氏則不以為可隨時適變，其所以異調相諧，乃是雜用四聲，如後世之詩餘歌曲然。

其後，戴震、錢大昕、張惠言、張成孫諸家皆依違於顧、江之間，咸以古音無四聲之名，然輕重緩急之理固有之矣。

及段玉裁出，始有「古四聲不同今韻，猶古本音不同之韻」之說，段氏《六書音韻表》「古四聲說」云：

> 考周秦漢初之文，有平上入而無去，洎乎魏晉，上入聲多轉而為去聲，平聲多轉而為仄聲，於是乎四聲大備而與古不侔。……古平上為一類，去入為一類，上與平一也，去與入一也，上聲備於三百篇，去聲備於魏晉。

孔廣森之說與段氏不同，謂古無入聲，入乃去之變，然陸宗達〈韻譜合韻譜跋〉云：

> 孔氏拘于中原方音，闇于歷史嬗化，無入之聲，未可深信。

江有誥著《廣韻四聲正》，謂古人實有四聲，特古人所讀之聲與後人不同耳，王念孫晚年復江晉三書，確定古聲調之說，當依江氏，故云：「大約皆與尊見相符」。即「古人實用四聲，特與後人不同」。劉逢祿亦主「古有四聲」之說。至夏燮撰《述韻》，更闡發江、王、劉諸人之說，云：「三百篇、群經有韻之文，四聲兼備，分用畫然，如部分之有條不紊。」近人周祖謨亦云：「古有四聲，經王、江、夏三家之考證，已極明確。」

　　章太炎大抵宗尚段氏，其〈二十三部音準〉云：

　　　　古平上韻與去入韻暫截兩分，平上韻無去入，去入韻無平上。

黃季剛有〈詩音上作平證〉一文，確定古無上聲。古無上聲雖發自段氏，惟證成之者，則自黃君，則古聲惟有平入二聲矣。

　　林景伊先生認為就詩中四聲分用而言，古人實際語音中確有四種不同之分別，就詩中平上合用，去入合用觀察之，則古人之觀念尚無後世清晰之四聲區別，此即陳第所謂四聲之辨，古人未有者是也。陳氏所謂四聲之辨，即指觀念上之辨析也。古人於觀念上雖無四聲之辨，而於聲之舒促則固已辨之矣。平上者舒聲也，去入者促聲也。因古人實際語音已有四聲，故詩中四聲分用畫然，又因其觀念上惟辨舒促，故平每與上合韻，去每與入合韻。

　　王了一《漢語史稿》亦主古有二調之說。《漢語史稿》云：

　　　　先秦的聲調，分為舒促兩大類，但又細分為長短，舒而長的聲調就是平聲，舒而短的聲調就是上聲，促聲不論長短，我們一律稱為入聲，長入到了中古變為去聲（不再收-p、-t、-k），短入仍舊是入聲……上古的長入的韻尾-p、-t、-k則是受長元音的影響，而逐漸消失了的。

　　陳伯元先生《古音學發微》云：

　　　　吾人可以說，古人在實際之語音上可能如王君所說有舒徐長短之區別，而其在觀念上則僅有舒促（或者直稱平入亦無不可）之辨識能力。因其實際上有此四種區別存在，故四聲每每分用，而其觀念上僅辨舒促，故平上為一類，去入為一類。

陳伯元先生此說，集古來聲調之大成，使上古聲調之解釋，獲得最後之解決。

四、五聲說之商榷

　　由以上聲調之探討與諸家之研究，可知靜安先生五聲說確有商榷之餘地，其理由有三：

（一）聲調與韻母之分陰陽無關。蓋所謂陰聲韻者，係指元音收尾之韻母，陽聲韻者，指以鼻音-m、-n、-ŋ 收尾之韻母，通常韻尾之性質並不影響聲調之變化，就音理上言之，兩者不可相混。

（二）就考據上言之，上古之聲調類別早經段玉裁、黃季剛、王力、陳伯元之辨析清楚，上古有二調，中古衍而爲四，並無五調之可能。

（三）就現代方言言之，閩南語有七調：陰平、陽平、陰上、陰去、陽去、陰入、陽入。客家語有六調：陰平、陽平、上、去、陰入、陽入。廣東語有九調：陰平、陽平、陰上、陽上、陰去、陽去、陰入、中入、陽入。以上方言雖有陰陽之分，但與靜安先生用韻尾區分「陽聲韻」、「陰聲韻」不同，蓋方言所分之陰陽乃由聲母之清濁所決定，而非韻尾之區分。

第三節　隋唐韻書之研究

一、唐寫本《切韻》研究

敦煌石室之發現，爲近代史上之一件大事，其有助於文史藝術之研究者甚夥，自光緒二十六年發現以來，經學者之潛心研究，敦煌學已成今日之顯學。王靜安先生撰有〈書巴黎國民圖書館所藏唐寫本切韻後〉爲國人研究敦煌石室唐寫本《切韻》之第一人。

先生於文中詳述所見敦煌所出唐寫本《切韻》三種，第一種韻字較少，先生推斷爲法言原本，第二種爲長孫訥言箋注本，第三種爲長孫氏注本而刪去案語者。以書體言，則第一種爲初唐寫本，第二種、第三種爲唐中葉寫本。

此三種《切韻》皆收入劉復所編之《十韻彙編》中，稱爲「切一」、「切二」、「切三」，其凡例第二條云：

> 唐寫本《切韻》有王國維手寫法國巴黎國民圖書館所藏敦煌發見者
> 三種，今簡稱切一、切二、切三。

今翻檢法京巴黎國家圖書館之敦煌資料目錄，並無此三種殘卷，而倫敦大英博物館藏有編號Ｓ二六八三、Ｓ二〇五五、Ｓ二〇七一殘卷三本，正爲先生所論之唐寫本《切韻》三種。可見先生手寫之殘卷，非見之於巴黎，實見之於倫敦者，蓋編號字首之Ｓ字母，實即英人斯坦因（Marc Aurel Stein, 1862～1943）之首一字母。

先生致誤之原因，頗值得吾人為之探討。先生跋手寫切韻殘卷之末段有云：

> 光緒戊申（1908），余晤法國伯希和教授（Paul Pelliot, 1878-1945）
> 於京師，始知伯君所得敦煌古書中有五代刻本《切韻》，嗣聞英國斯
> 坦因博士所得者更為完善。尚未知有唐寫本也。

民國十年（1921），先生手寫石印本《巴黎國家圖書館藏唐寫本切韻殘卷三種》問世，國人為之耳目一新，魏建功敘述此一印行之經過云：

> 伯希和敦煌書目明載為韻書的，二○一四、二○一五，以外有二○一
> 九、二六八三，都記著是唐韻，並沒有這寫本《切韻》，倫敦博物館
> 書目裏也查不出，當然，我們所知的目錄，本是羅福萇氏苦心孤詣會
> 最寫成的，難得全備。……民國七、八年之間，羅、王先後寫信向伯
> 希和指明了要求這寫本的攝影，到民國十年秋季才寄到了天津，當時
> 王氏在上海費了二十三天工夫抄寫成了，並且加以考跋，石印行世，
> 這是我們近年學者藉資論據，而通稱的「王寫本殘卷一、二、三」三
> 本。

魏氏又曰：

> 原件好像是在倫敦，記得二十二年歲杪，伯希和來中國的時候，曾
> 經對我說是斯坦因的照片，他轉送給王氏的。

據此，可知靜安先生並未親見原卷，乃據影本抄寫之，因影本得自伯希和，遂誤以為此三種殘卷存於巴黎國家圖書館。

本師潘石禪先生有《瀛涯敦煌韻輯新編》，依寫本原卷摹本Ｓ二六八三（切一），紙殘缺斷裂處亦保持其原來面目，見此摹本與親覯原卷無異，此卷僅存三紙，第一、第二紙各十六行，第三紙十三行，共四十五行。字大，無界，有朱點，有朱改字。每韻韻目提行高一字書，字不工，「民」字或諱或不諱，所存之韻目有「海（海一部分）、軫、吻、隱、混、很、旱、潸、產、銑」十韻，皆為上聲。

日人上田正有《切韻殘卷諸本補正》一書，日本東京大學出版，認為「切一」為陸氏原本，「切二」為長孫訥言注本，「切三」為初期切韻（潘師稱為「隋末唐初增字加注本陸氏切韻」）。

「切二」（Ｓ二○五五）字數較多，共四紙半，兩面皆書切韻，字拙，無四界，無天地頭，無朱點校。此卷手寫訛率，不為典要。內容包含〈切韻序〉

全文、長孫訥言序（大唐儀鳳二年）、東韻至魚韻（皆平聲，凡九聲）。

「切三」（Ｓ二〇七一）所存字數最多，含平聲、上聲、入聲之前半。依潘師摹本共存三十四頁。原卷用白楮紙，無四界，每韻起首，於當行書眉以墨筆作Ⅼ誌之。此卷「王」字多作「玊」，七紙背有牒文、公文襯表。

以上三種，可稱所見最早之韻書矣，而原作者陸法言，其名號問題，自來傳說紛紜，人各異詞，莫衷一是，兩唐書〈藝文志〉有陸慈《切韻》五卷，日本源順《倭名類聚鈔》引陸詞《切韻》五十四條，又日本僧瑞信《淨土三部經音義》引陸詞《切韻》十六條，人各異稱，是非莫之能定。王靜安先生曰：

> 日本狩谷望之《倭名鈔箋》謂陸詞即法言，案詞與法言名字相應，又以唐寫殘韻與彼土所引陸詞《切韻》校之，半相符合，則狩谷之言殆信，兩唐志之陸慈，亦即陸詞，隋唐間人多以字行，故字著而名隱耳。

史書中之陸慈（詞）是否即為法言，曩者余從潘師石禪修習敦煌學課程，潘師發現今存巴黎之Ｐ二一二九號卷子題曰：「陸詞字法言撰」，名與字應，千古疑案，渙然冰釋。法言為字，詞為名，史書之慈為通假，有此實物之證，更可證靜安先生功力彌厚，其所推論之不誤也。

陸法言之事迹，史不概見，前人又無考之者，王靜安先生遂考其事迹，據《隋書・陸爽傳》，法言為陸爽之子，其撰書時代著手於開皇仁壽間，成書於仁壽二年。先生曰：

> 案《隋書・陸爽傳》：「爽字開明，魏郡臨漳人，自齊入周，隋時為太子洗馬，開皇十一年卒官，年五十三，子法言，敏學有家風，釋褐承奉郎。」據此，則開皇初法言與蕭顏諸公論韻時，年才弱冠，而諸公多顯於梁魏齊周之世，於法言均為文人行矣，其受成書之託，亦即以此。《隋書》又云：初，爽之為洗馬，嘗奏高祖云皇太子諸子未有嘉名，請依春秋之義更立名字，上從之，及太子廢，上追怒爽曰我孫製名，寧不自解，陸爽乃爾多事，扇惑於勇，亦由此人，其身雖故，子孫並宜廢黜，終身不齒，法言竟坐除名。案太子勇之廢，在開皇二十年九月，次年改元仁壽，法言除名當在是冬。〈切韻序〉作於仁壽二年，云今反初服，私訓諸弟凡有文藻即須音韻，遂取諸家音韻古今字書，定之為《切韻》五卷。是法言撰此書，著手於開

皇仁壽間，而成於仁壽二年也。

丁山有《陸法言傳略》一文（《中山大學語言歷史研究所週刊》，〈切韻專號〉，第三集第二十五、六、七期合刊）考訂陸氏生平頗為精詳，可補王靜安先生之說：

丁氏認為開皇初陸氏不過二十歲左右，其生年大約西元五六二年，其家系如下：

陸侯 ── 騏麟 ┬ 高貴
　　　　　　└ 順宗 ── 槩之 ── 爽 ┬ 法言
　　　　　　　　　　　　　　　　　└ 正言

法言初入宦途時，年卅二（574）。三十九歲之時，即開皇二十年冬十月乙丑，皇太子勇及諸子並廢為庶人（據《隋書·高祖紀》下），法言除名當在此時，故〈切韻序〉云：「今返初服。」除名之後，法言即將二十年前與劉臻等八人討論音韻之筆記，參考「諸家音韻、古今字書，定之為《切韻》五卷（自序云）。」四十歲以後，即退守林泉，與世隔絕（自序云：「屏居山野，交遊阻絕」）。

先儒向以《廣韻》之二百零六韻為承襲《切韻》者，今得見《切韻》殘卷，知二者部目不同，王氏考得《切韻》平聲上二十六韻，平聲下二十八韻，上聲五十一韻，入聲三十二韻。

去聲，因三本《切韻》殘卷皆缺，先生未曾列出，羅常培〈切韻探賾〉一文云：

自從敦煌的唐寫本《切韻》殘卷發現以來，才知道《切韻》的平聲比《廣韻》少諄、桓、戈三韻；上聲少準、緩、果、儼四韻；入聲少曷、術二韻。據此以推，去聲當少稕、換、過、釅四韻，一共只有一百九十三韻，比《廣韻》少了十三韻。

其差別可表列如下：

《切韻》	《廣韻》
嚴。。業	嚴儼釅業
眞軫震質 （開）	眞軫震質 （開）
。。。。 （合）	諄準稕術 （合）
寒旱翰曷 （開）	寒旱翰曷 （開）

○○○○	（合）	桓緩換末	（合）
歌哿筒	（開）	歌哿筒	（開）
○○○	（合）	戈果過	（合）

據此當可補王靜安先生學說之未備。

二、王仁昫切韻之研究

王靜安先生有〈書內府所藏王仁昫切韻後〉一文，王仁昫之切韻，名為《刊謬補缺切韻》，今存三種。即：

敦煌殘本（即王一，Ｐ二○一一）

故宮殘本（即王二）

故宮全本（即全王）

「王一」現存巴黎，即伯希和敦煌書目二○一一號唐寫本韻書，先生未曾接觸，劉復留法之時，親自抄錄回國，注明原號，編入敦煌掇瑣刻本，原書殘存四十二斷片，但未詳記情狀，此書可與先生「王二」相互比較。潘師石禪有「Ｐ二○一一刊謬補缺切韻殘卷新校」即為此本。潘師引姜亮夫云：

> 本卷殘存二十二紙，共四十三面，合訂為一冊……原裝為何種書式，已不可考。褚白紙，色微黃，質稍鬆。……每紙多則三十九行，少則二十六行。

潘師曰：

> 此卷字工，小韻皆朱點，計字皆朱書，朱色不甚顯，故姜多漏去，韻目數字皆朱書。

先生所論者為「王二」，其書平、上殘缺，去、入完整。此書蓋王仁昫用長孫訥言、裴務齊二家所注陸氏《切韻》重修者，故兼題二人之名。此書以校「巴黎圖書館唐寫本陸法言切韻」僅上聲多一广韻，而與項子京所藏孫愐開元間所撰《唐韻》部目，則毫無出入。其在音韻學之價值，據先生所舉，可歸納如下：

1. 合鹽、添以下八韻為一類，已開李舟《切韻》與《廣韻》之先。
2. 合江、陽、唐為一類，又為《菉斐軒詞韻》與周德清《中原音韻》之祖。
3. 合歌、佳、麻為一類，又與近世言古韻者合，其於音理，頗具貢獻。
4. 《切韻》殘本去聲全闕，而此本獨全。

5. 平聲目錄所記呂靜、夏侯詠、陽休之、李季節、杜臺卿五家異文爲《切韻》原文，六朝韻書部目，於此可見一斑。

此一殘卷之發現，歸功於先生於民國十四、五年整理清室書籍之所見，後有延光室攝影傳流，唐蘭仿其原款手寫一通，由羅振玉印行，原件現裝潢成冊頁，計三十八頁，每頁三十九行，每行有界闌，疑是朱絲，字數不一，大約大字在二十六至三十之間，平上去入分五卷，而平上各有殘缺。其殘缺狀況如下：

平聲上，存前九韻，七頁。

平聲下，存後二十一韻，七頁。

上聲，存前十八韻，五頁；後九韻帶零，一頁十行。

去聲，全部完整，七頁四十行。

入聲，全部完整，九頁八行。

三、孫愐《唐韻》研究

先生於壬戌（民國十一年）秋讀卞令之《式古堂書畫彙考》，錄明項子京所藏《唐韻》五卷，前有孫愐序，與《廣韻》卷首所載者文句頗異。先生因撰成〈書式古堂書畫彙考所錄唐韻後〉一文，取二序爲之校對，考證孫愐《唐韻》有開元、天寶二本，序亦有二。今《廣韻》所載，乃合二序爲一，違失甚矣。項子京本僅有第一序，其韻目與陸氏《切韻》全同，而上聲較陸多一韻，與王仁昫同，即陸韻上聲五十一，王氏五十二。

先生又比較魏鶴山所藏《唐韻》（魏氏有〈唐韻後序〉一文）與蔣氏殘本，知此二本較開元本多十二韻，乃天寶十年重定之本，蓋開元本猶是陸韻支流，天寶本則孫氏以己意分部者也。

先生又有〈書吳縣蔣氏藏書唐寫本唐韻後〉一文。蔣伯斧所藏《唐韻》殘卷僅存去、入二聲，缺作者姓名。先生於此文中詳加論證，舉八證以證明此一殘卷確係孫愐之書。先生曰：

> 隋唐韻書皆曰切韻，獨孫愐取《周易》、《周禮》之義，勒成一書，名曰《唐韻》，見於自序。此本卷五前題尚存，曰《唐韻》卷第五，與孫序合，是爲孫書之證一也。孫序云，州縣名號，亦據今時。又云武德以來創置及開元三十年并列注中，蔣君跋中舉未韻之暨字，《廣韻》注云諸暨縣在越州，此本云在會稽。霽韻之薊字，《廣韻》注云縣名

又州，開元十八年以漁陽爲薊州，此本直云縣名。代韻之代字，《廣韻》注云州名，此本云郡名。緝韻之汲字，《廣韻》注云縣名在衛州。此本云郡名在衛。謂郡縣之沿用隋名者，即以此爲法言書之證。余謂此正孫書之證也。《舊唐書‧玄宗紀》，天寶元年二月，天下諸州改爲郡，刺史改爲太守。唐時建置，以此及乾元元年復郡爲州爲最大。孫序所云開元三十年，即天寶元年，越州之爲會稽郡，薊州之改爲漁陽郡而僅存薊縣，代州之爲代郡，汲縣之爲汲郡，皆開元三十年事，與隋無涉。又此本注中說水地所在凡五十餘科，皆舉郡名，不舉州名，正序中所謂州縣名號悉用今時者，惟歙字下注云縣名在歙州，不云新安郡。鄳字下注云縣名在鄭州，不云文安郡。鄘字下注云新息縣在豫州，不云汝南郡。鄀字下注云縣名在襄州，不云鄀郡。然舉郡名者五十餘科，而舉州名者僅四科，自係偶爾疏失，且歙字鄭字下均云縣名，不云州名，尤爲是時已無歙州鄭州之證。此其爲孫書之證二也。魏鶴山〈唐韻後序〉云：今書升藥鐸於麥陌昔之前，置職德於錫緝之間。所謂今書，謂《禮部韻略》，是鶴山所見《唐韻》藥鐸職德亦如此本之次，是此本爲孫書之證三也。孫序又云，其有異聞奇怪傳說姓氏原由備載其間，皆引馮據。又列其引據書目，關乎姓氏者，有《姓苑》、《風俗通》、賈執《姓氏英賢傳》、王僧孺《百家譜》等，是韻書中詳注姓氏始於孫愐。此本注中姓氏雖不如《廣韻》之詳，然每字之爲古姓氏者，已概舉無遺，此其爲孫書之證四也。《封氏聞見記》云，陸法言《切韻》凡一萬二千一百五十八字。爾後有孫愐之徒，以字書中閒字釀於《切韻》，殊不知爲文之要，匪是陸之略也。今此本所增之字皆注云加，又多云出《說文》出《字林》出《音譜》云云，即《封記》所謂以字書中閒字釀於《切韻》者。封氏雖云孫愐之徒，不專指一家，而此書正與之同，此其爲孫書之證五也。《廣韻》三鍾恭字下注云，陸以恭蚣縱等入冬韻非也。考之大徐《說文》，則恭俱容切，縱即容切，蚣息恭切，皆在鍾韻，大徐《說文》用孫愐音，則孫愐始改此數字入鍾韻。《廣韻》此注必係《唐韻》舊文。今此本麥韻鰏字下注云，陸入格韻，與《廣韻》恭字下注例同。此其爲孫書之證六也。《廣韻》一書，兼採諸家《切韻》，然首載陸法言長孫訥言孫愐三序，是以陸孫二韻爲藍本之證。考《倭名類聚鈔》引諸家《切韻》，中有

孫愐《切韻》二十五條，《唐韻》三百八十四條，其字見於此殘本者，
多與此本合，與《廣韻》合者亦十之八。其與此本異者，則《廣韻》
多合於此本，而異於《倭名鈔》所據之本。此由《倭名鈔》已經後人
增改，故有此不合。此其為孫書之證七也。前蔣君跋此書，謂書中於
太宗諱世字，睿宗諱旦字，皆闕筆。代宗以後之諱則否。玄肅二宗之
諱皆在平韻，不可考。余細檢全書，見九御中豫字，四十禡澢字注中
豫字，十三末中括字均不闕筆，然三十一職鄹字下注中豫州之豫，作
豫闕末二筆，則此書當是肅代之間寫本，當寫第四卷時，肅宗未崩，
比寫至第五卷末，則已聞代宗更名及登極之詔，故不闕於前而闕於
後，不闕於大字而闕於小注也。是歲距孫氏書成已十年，其所寫者為
孫氏書無疑。此八證也。

蔣氏殘卷，《十韻彙編》魏序曾細加考述。此一殘卷發現於清光緒三十四年
（1908），吳縣蔣伯斧由羅振玉之介紹，自北京琉璃廠購書鋪得此書。後由國
粹學報館影印發行，全書四十三頁，每頁二十三行，每行皆有烏絲闌為界，
為唐代白麻紙冊子本，冊中印記皆宋明時人，無清代印記。

四、李舟《切韻》研究

《唐書・藝文志》有李舟《切韻》十卷，今佚。李舟，史無傳。王靜安
先生撰有〈李舟切韻考〉一文，考知《切韻》之作當在代、德二宗之世，其
書唐時不顯，至宋初而始見重，有宋一代韻書部次，皆自李舟出也。先生認
為唐代韻書以部次觀之，可分為二系：

第一系為陸氏《切韻》、孫愐《唐韻》、小徐《說文解字篆韻譜》、夏英公
《古文四聲韻》所據韻書為一系。

第二系為李舟《切韻》、大徐《改定說文解字篆韻譜》、《廣韻》所撰韻書
為一系。

第一類之特色為：

覃、談誤在陽、唐之前。

蒸、登在鹽、添之後。

去聲泰在霽前。

或併釅於梵。

入聲部次不與平上去相配。

　　由此可知韻書自唐中葉，並無條理秩然之部次，至李舟《切韻》乃有合理之部次，今其書雖佚，其部目仍可於大徐改定之說文篆韻讀考見之。大徐序文中明言其部次全依李舟，與小徐原本部次之依《唐韻》不同。

　　李舟韻書之貢獻有二，即：

　　第一、使各部皆以聲類相從，亦即整理各韻之相鄰順序，使之按音近者相從。

　　第二、四聲之次相配不紊，亦即整理平上去入各韻之配合。

　　李舟《切韻》，今雖不存，但其重要性實不可不明也。靜安先生曰：「李舟《切韻》之為宋韻之祖，猶陸法言《切韻》之為唐人韻書之祖也。」先生此言誠非溢美之辭。

第四節　《兩周金石文韻讀》研究

　　靜安先生之《兩周金石文韻讀》，錄金識三十有七，石鼓文甲乙丙丁戊己庚辛壬癸，計四十有七篇，己、庚、辛鼓無韻可讀，實得四十有四篇，其時代自宗周以迄戰國之初，國別如杞、鄫、邾、婁、徐、許等并出〈國風〉十五之外，然求其用韻，與《詩經》三百篇無乎不合。靜安先生實為研究金石文韻讀之第一人，其識見自非常人可及，又靜安之作，列出金石文之金文，較段氏作《六書韻表》僅列韻腳為進步，吾人可從其中比對原文，而知其歧異之所由，此亦靜安先生治學嚴謹之所在。

一、兩周金文韻讀研究

（一）之　部

1. 宗周鐘：福、利、國。
2. 秦盉和鐘：子、德、祀、福、敕、士、事。
3. 齊侯鎛鐘：字、右、已。
4. 齊子仲姜鎛：誋、台、事、辝。
5. 許子鐘：喜、友、趄、諆、己、之。
6. 邾公牼鐘：士、寺。
7. 邾公華鐘：忌、祀、子、哉。
8. 沇兒鐘：祀、喜、士、禗、期、之。

9. 王孫遺諸鐘：趫、德、猷、喜、友、德、國、趄、諆、之。

10. 子璋鐘：喜、士、基、之。

11. 邵鐘：亥、子。

12. 毛公旅鼎：龢、友、習（上爲朋友之友，此爲孝友之友字。）

13. 弡仲簠：猷、福。

14. 邾大宰簠：惠、饎、期、之。

15. 齊侯盤：奠、期、之。

16. 昊公匜：妃、碁、之。

17. 孟姜匜：熙、碁、之。

金文「之」部用韻共十有七組，頗多與《詩經》用韻相一致者，茲列舉如下：

福、國相押，見〈商頌‧殷武〉四章：

> 命于下國，封建厥福。

德、福相押者，見〈大雅‧生民之什〉：

> 既醉以酒，既飽以德，君子萬年，介爾景福。

子、事相押，見〈小雅‧北山〉一章：

> 偕偕士子，朝夕從事。

士、子相押，見〈大雅‧既醉〉八章：

> 釐福女士，從以孫子。

已、右相押，見〈秦風‧蒹葭〉三章：

> 蒹葭采之，白露未已；所謂伊人，在水之涘；溯洄從之，道阻且右。

友、喜相押，見〈小雅‧車舝〉：

> 雖無好友，式燕且喜。

祀、子相押者，見〈大雅‧生民〉一章：

> 克禋克祀，以弗無子。

期、之相押者，見〈秦風‧小戎〉二章：

> 方何爲期，胡然我念之。

德、國相押者，見〈魏風‧碩鼠〉二章：

> 三歲貫女，莫我肯德，逝將去女，適彼樂國。

（二）脂　部

齊子仲姜鎛：死、弟。

死、弟相押者，見〈魏風·陟岵〉三章：

> 兄曰嗟予弟，行役夙夜必偕，上慎旃哉，猶來無死。

案：此處朱子以行役二字屬上句，即「兄曰嗟予弟行役。」段玉裁以之屬下句，故以「弟、偕、死」為韻。

（三）魚　部

1. 宗周鐘：武、土、土、都。
2. 齊侯鎛鐘：祖、所、輔、堵、女、所、虎、所、鋁、鎛。
3. 齊侯鎛鐘：祖、魯、鼓、磬。
4. 邾公牼鐘：鋁、忌、鍺、夫。
5. 儔兒鐘：父、鋁、祖、舞、語。
6. 邵鐘：武、鋁、堵、鼓。
7. 簠鼎：迮、客、若。
8. 曾伯霥簠：鑪、簠。
9. 歫仲簠：医、鑪。

上九組之用韻，與《詩經》用韻有相印證者，舉例如下：

虎、所相押，見於〈大叔于田〉一章：

> 襢裼暴虎，獻于公所。

祖、所相押，見於〈商頌·烈祖〉：

> 嗟嗟烈祖，有秩斯祜，申錫無疆，乃爾斯所。

鼓、祖相押，見於〈商頌·那〉：

> 猗與那與，置我鞉鼓。奏鼓簡簡，衎我烈祖。

祖、父相押，見於〈大雅·常武〉：

> 南仲大祖，大師皇父。

（四）幽　部

1. 齊侯鎛鐘：考、壽、考。
2. 邾公華鐘：壽、保。
3. 王孫遺諸鐘：孝、考、壽。
4. 邵鐘：孝、壽、寶。
5. 毛公旅鼎：孝、考。
6. 中師父鼎：孝、考、壽、寶。

7. 剌公敦：孝、壽、寶。

8. 陳逆敦：壽、保。

9. 詎仲簠：飽、壽。

10. 鄭大司工簠：孝、壽、寶。

11. 叟季良父壺：酒、孝、老、壽、老、寶。

12. 歸父盤：壽、老。

上十有二組皆祝賀之詞，故其用韻多相似，其與《詩經》用韻可相印證者如下：

考、壽相押，見於〈江漢〉六章：

作召公考，天子萬壽。

壽、保相押，見於〈周頌・載見〉：

以介眉壽，永言保之。

孝、考相押，見於〈周頌・閔予小子〉：

於乎皇考，永世克孝。

酒、孝相押，見於〈魯頌・泮水〉三章：

既飲旨酒，永錫難考。

案：以上皆爲陰聲韻部，之部宗周鐘「福、剌、國」爲韻，靜安先生云：「晉姜鼎云三壽惟利，此疑亦利字，利在脂部，與之部合韻。」特附記於此，以爲參考。

（五）陽　部

1. 宗周鐘：王、邦、競、鐘、蔥、鼉、王、戲。（陽東二部合韻）

2. 秦盄和鐘：邦（邦字疑東陽合韻）、煌、昌、疆、慶、方。

3. 許子鐘：揚、煌。

4. 邾公華鐘：疆、昌。

5. 沇兒鐘：易、煌。

6. 王孫遺諸鐘：陽、皇。

7. 中師父鼎：疆、昌。

8. 叔夜鼎：行、羹、疆。

9. 陳公子甗：行、梁、疆、尙。

10. 豐伯車父敦：疆、尙、昌。

11. 陳侯午敦：嘗、邦（東陽合韻）、忌。

12. 曾伯黎簠：湯、行、方。

13. 曾伯黎簠：行、梁、言、疆、萱。

14. 弨仲簠：黃、梁。

15. 叔家父簠：匩、梁、兄、疆、亡、光。

16. 叔邦父簠：行、王、疆。

17. 史宂簠：匩、行、梁、萱。

18. 召仲考父壺：鄉、滂、疆、尚。

19. 虢季子白盤：方、陽、行、王、鄉、光、王、央、方、疆。

20. 喪史鉼：行、疆、尚。

兩周金文韻讀陽聲部使用最多之韻腳，即本部字，而其中又多見陽東二部之合韻。董氏之東部擬音爲（-uŋ）陽部爲（-aŋ），二者皆收舌根鼻音之陽聲韻，故能通押。考之《詩經》用韻亦有東陽合韻者，如〈周頌·烈文〉以「邦、崇、功」（東部）與「皇」（陽部）相押：

> 無封靡于爾邦，維王其崇之。念茲戎功，繼序其皇之。

又〈大雅·桑柔〉以「瞻」（東部）與「相、臧、狂」（陽部）合韻：

> 維此惠君，民人所瞻。秉心宜猶，考慎共相。
> 維彼不順，自獨俾臧，自有肺腸，俾民卒狂。

上、王相押，見〈大雅·大明〉一章：

> 明明在下，赫赫在上。天難忱斯，不易維王。

慶、疆相押，見〈小雅·甫田〉四章：

> 黍稷稻梁，農夫之慶，報以介福，萬壽無疆。

湯、方相押，見〈大雅·江漢〉二章：

> 江漢湯湯，武夫洸洸，經營四方，告成於王。

湯、行相押，見於〈小雅·沔水〉二章：

> 沔彼流水，其流湯湯，鴥彼飛車，載飛載揚。念彼不蹟，載起載行。

央、方相押，見〈小雅·出車〉三章：

> 出車彭彭，旂旐央央，天子命我，城彼朔方。

方、疆相押，見〈商頌·長發〉一章：

> 禹敷下土方，外大國是疆。

（六）東　部

遲簋：公、用。

案：此平、去通押之例，段氏詩韻第九韻皆爲平聲押韻，不見與去聲「用」字通押者，然《詩經》有通押之例，如〈草蟲〉一章以「蟲、螽、忡、降」押，丰一章以「丰、巷、送」押，〈商頌〉五章以「共、厖、龍、勇、動、竦、總」押皆是其例。

（七）耕　部

1. 齊子仲姜鎛：生、政、姓。
2. 沇兒鐘：成、姓。
3. 詛仲簠：正、賓（耕、眞合韻）。

右三組 1、2 組耕韻，3 組詛仲簠「正、賓」耕眞合韻，考耕部古讀爲「-eŋ」（依董氏擬音），眞部爲「-en」，兩部主要元音相同，皆屬陽聲韻，故可合韻，《詩經》中亦有合韻之例，可爲印證：

1. 〈小雅〉「令（眞部）、鳴、征、生（耕部）」合韻：
   題彼脊令，載飛載鳴，我日斯邁，而月斯征，夙興夜寐，無忝爾所生。
2. 〈小雅・節南山〉「領（眞部）、聘（耕部）」合韻：
   駕彼四牡，四牡項領，我瞻四方，蹙蹙靡所騁。
3. 〈小雅・桑扈〉「領（眞部）、屛（耕部）」合韻：
   交交桑扈，有鶯其領，君子樂胥，萬邦之屛。
4. 〈周頌・烈文〉「刑（耕部）、人（眞部）」合韻：
   無競維人，四方其訓之，不顯維德，百辟其刑之。
5. 〈大雅・緜〉「生（耕部）、瓞（眞部）」合韻：
   緜緜瓜瓞，民之所生。

（八）眞　部

1. 秦盄和鐘：命、豩（眞、脂對轉）、秦。
2. 齊侯鎛鐘：年、身。
3. 齊子仲姜鎛：年、身。

秦盄和鐘用韻有眞脂對轉者，此二部通轉，亦多見於《詩經》，脂、眞二部，董同龢列爲對轉之部，主要元音皆爲〔e〕，舉例如下，以茲印證。

1. 〈大雅・桑柔〉「熱（脂部）、怭、恤（眞部）」合韻：
   爲謀爲毖，亂況斯削，告爾憂恤，誨爾序爵，誰能執熱。

2. 〈邶風‧旄丘〉「葛（脂部）、節、日（眞部）」合韻：

旄丘之葛兮，何誕之節兮，叔兮伯兮，何多日也。

3. 〈小雅‧正月〉「結（眞部）、屬、滅、威（脂部）」合韻：

心之憂矣，如或結之。今茲之止，胡然屬矣？燎之方揚，寧或滅之？
赫赫宗周，襃姒威之。

4. 〈大雅‧抑〉「疾（眞部）、戾（脂部）」合韻：

庶人之愚，亦職維疾，哲人之愚，亦維斯戾。

5. 〈小雅‧賓之初筵〉「至（眞部）、禮（脂部）」合韻：

以洽百禮，百禮既至。

6. 〈鄘風‧載馳〉「閔（眞部）、濟（脂部）」合韻：

既不我嘉，不能旋濟。視爾不臧，我思不閔。

二、石鼓文韻讀研究

（一）甲　鼓

1. 「工、同」押東部。
2. 「好、駆、斿、求」幽部。
3. 「寺、時、趡、𡥵、時」之部。
4. 「樸、濆、蜀」侯部。

石鼓文甲鼓上列四組用韻，分部均不誤，惟「麀鹿速速」之「速」字，考之原文作「𧺰」，實非「速」字，蓋「朿」與「束」有別，前者爲朿，有刺之屮也；後者爲束，有刺之木也，故其原爲當作「趀」字，《說文》云：「倉卒也，从走，朿聲，取私切。」此文乃描述眾鹿倉卒奔竄之狀。又下句「其來大□」末字空出，考之原文實有一「𣥻」字，即「次」字，靜安先生既誤「趀」爲「速」，故誤歸入侯部，實則「趀、次」可歸入前韻，屬之部也。

（二）乙　鼓

1. 「沔、淵」眞部。
2. 「處、漫」魚部。
3. 「𧾘、鮮、鰷、鯾」元部。
4. 「鯉、柳」幽部與之部合韻。

乙鼓四組用韻分部均不誤。考「𧾘」字原文作「𧾘」，今通作「散」，行不進

貌。「其放散〃」即魚游水中，時行時止之貌，與《詩經》「南有嘉魚，烝然
汕汕」之「汕汕」相類，汕汕，《說文》：「魚游水皃」。

又「鰯」字，可通「儷」字。「黃帛其鰯」即「黃白其儷」，意謂水中黃
魚、白魚成雙結對並游。

又「鱘」字，原文作「🐟」，當係「鱏」字，又作「魴」，赤尾魚也，《詩
經》有「魴魚頳尾」。又「鯿」即「鮊」字，《本草》：鮊形窄，腹扁，鱗細，
頭尾俱向上。則「又鱏又鯿」即「有魴有鮊」正與上句文意相承。

又「趣」字原文作「🐟」，當係「趟」字，趟與遄通，《說文》：遄，往來
數也，描寫水中魚群往來迴游之皃，由此觀之，「庶、趟」不相押韻。

（三）丙　鼓

1. 「安、簡、旛、驪、原」元部。
2. 「寫、射、庶、兔」魚部。
3. 「旆、🐟」真、文合韻。
4. 「各、射」魚部。
5. 「遷、樂」宵部。

丙鼓五組用韻分部均不誤，惟鼓文第二句之三、四字當係「馬馬」二字，戶
關切，馬驪垂貌。則此字亦為韻腳，歸入元部。

（四）丁　鼓

1. 「車、碩、寫、庶、搏」魚部。
2. 「衍、章、陽」陽部。
3. 「馬、絆、虎、口」魚部。

三組「絆」字下，靜安先生云：「此字不可識，疑韻。」案此字原文作「🐟」，
楷書當作「𫠊」，古文「族」作「𫠊」，可知此字即「族」字無疑，今作「鏃」。
「族族」段氏云：「聚皃」，「射之族族」即眾矢齊發，聚向獵物也。

「□□□虎，獸鹿如⌣」靜安先生推測云：「句末缺字，疑是兔字。獸
即狩字，此二字雖殘缺，意當是：我馬如虎，狩鹿如兔也。」實則原文上句
為「□迂如虎」僅缺一文，明張自烈《正字通》云：「迂，亦作徐。」靜安先
生此處宜據原文訂正。

（五）戊　鼓

1. 「流、流」幽部。

2.「逮」脂部。

3.「衍、陽、方」陽部。

4.「止、事」之部。

右四組用韻，首段五句，其句讀應爲：

□□□□，霝雨□□，流迄湧〃，盈渼□〃，君子即涉。

五句中，其末字缺三，未能判斷其用韻。

「徒駿□〃」考原石鼓文有「湯〃」字（即「蕩」字），宜據以補正。又「极深以□」原文有「亣」字，即「槃」之本字，象槃之形，許書無「槃」字，至玉篇始見之，實爲後起形聲字，據此則三組用韻「蕩、衍、陽、槃、方」五字押韻，屬陽部。末句「止、事」之部不誤。

（六）己 鼓
（七）庚 鼓
（八）辛 鼓

以上三鼓文無韻可讀。

（九）壬 鼓

1.「瀞、平」耕部。

2.「止、里」之部。

3.「盜、申」耕眞合韻。

4.「導」幽部。

5.「及」緝部。

壬鼓文共二十句，五句爲一段，首段「瀞、平、盜」押韻，屬古音耕部。「止、里」押韻屬古音之部。第二段「申、迺」押韻，屬古音眞部，「迺」字即「陳」字，見《正字通》，靜安先生不以之爲韻腳，以「申」押第一段之「盜」字，自覺不安，故注爲「耕眞合韻」。

「導」原文作「徸」，《玉篇》云：「古文道字」，則爲「道路」之義，由上下文觀之，似非韻腳。

第三段五句，僅第三句之末字「騥」字可識，餘各句末字無從辨認，其用韻亦無法考知。

第四段首句「四轔霝〃」原文「轔」作「韅」，飛上從「人」，非「A」字，此字即籀文「翰」字，又其字上有「四」字，靜安先生誤奪。「霝」右下

方當有「〃」，表重疊之意，靜安書亦有遺漏，第三句末字「余」字，原文作「㸚」，即是「金」字，宜加訂正。第五句末字原石鼓文久不可辨，恐係涉上文「及如□□」而誤加者。

（十）癸　鼓

1. 「伐」祭部。
2. 「又、是」之部。

癸鼓，靜安先生分韻部二，其一爲祭部，但上下並無可相押者，則「伐」字不宜視爲韻腳。

首句第四字，靜安先生空出，原文實有「㐫」字，即「㐫」字，與「職」通假。次句末字亦空出，原文實有「𢎛」（之）字，則前三句末字「職、止、北」皆爲古音之部，可相押。

分部之二：「又」與「是」押，然考其原文：

　　　大□□□，□□□求，又□□〃，□〃□□，□〃□是。

以原文觀之，「又」字非韻腳，顯而易見，疑靜安先生句讀有誤也。